모든 치킨은 옳을까?

모든 치킨은 옳을까?

오애리·구정은·이지선 지음

열두 가지
음식으로 만나는
오늘의 세계

?

우리학교

식탁 위에서 만나는 세상 그리고 사람

치킨, 피자, 콜라와 햄버거, 라면과 짜장면, 카레, 연어와 망고, 초콜 릿……. 듣기만 해도 맛나지요. 모두 우리가 좋아하는 음식이에요. 사실 유기농 채소를 중심으로 한 식단이 건강에는 좋지만, 학교 가랴 학원 다 니랴 바쁜 청소년들이 그렇게 챙겨 먹기란 쉽지 않지요. 게다가 유기농 학교 급식을 제공하는 지역도 있지만, 학교 밖으로 나오면 칼로리로 중 무장한 음식들이 곳곳에서 우리를 부릅니다.

"우리가 먹는 것이 곧 우리 자신이다"라는 말처럼, 먹는 행위는 바 로 우리를 구성하는 일이에요. 우리가 먹는 것이야말로 우리의 몸은 물 론 문화와 정신에 영향을 끼칠 수밖에 없으니까요. 현재 세계는 하나로 이어져 있고, 먹거리도 지구적인 공급망을 타고 움직여요. 그기에 우 리가 먹는 음식이 어디에서 시작되고 어떤 과정과 재료로 만들어지는

지 돌아보는 일은 세계와 우리 사회, 다양한 문화와 경제를 이해하는 길로 이어집니다.

음식들은 어떻게 우리의 식탁 위에 오르게 되었을까요? 그리고 어떻게 생겨나 지금 우리의 일상을 차지했을까요? 그 안에 어떤 숨겨진 이야기가 있을까요? 이 책에서는 특히 한국의 십대가 즐기는 먹거리들을 골라 그 사회적·문화적 맥락을 알아봤어요. 대표적인 '국민 음식' 치킨을 볼까요? 치킨은 누구나 아는 음식이지만 이 책을 읽다 보면 미처 몰랐던 사실을 많이 접하게 될 거예요. 이를테면 치킨계의 라이징 스타 '너깃'이 인기를 끌면서 닭을 억지로 살찌워 가슴살이 늘어나게 만든 '스모 닭'이 출현했다거나, 해마다 겨울철이면 세계를 휩쓰는 조류인플루엔자가 늘어난 현상도 바로 전 지구적인 닭 산업과 연결되어 있다는 사실을요.

치킨과 함께 먹는 콜라는 또 어떨까요? 남태평양의 섬나라에는 유독 비만 인구가 많은데 외국에서 수입된 인스턴트 음식과 콜라 같은 탄산음료 때문이랍니다. 피자는 세계화된 음식을 대표하는 음식 중 하나예요. 이탈리아에서 아르헨티나로, 다시 미국으로 가서 '세계의 음식'이 된 피자의 역사는 놀랍게도 20세기 인류의 이주 역사이기도 해요.

요즘엔 마트나 시장에 고기가 넘쳐 나지만 할머니와 할아버지 세대만 해도 지금처럼 고기를 자주 먹을 수는 없었어요. 고기는 제사나 잔치

때나 먹을 수 있는 귀한 음식이었어요. 지금은 가게마다 비싼 한우 말고도 미국산, 호주산 등 외국에서 온 소고기가 손님을 기다리지요. 소고기를 대량으로 생산하는 나라들은 어마어마하게 넓은 땅에서 소를 키우고, 브라질과 아르헨티나 같은 나라에서는 소에게 사료로 먹이기 위해 커다란 농장에서 콩만 키운답니다.

또한 지구상에 무려 10억 마리가 넘는 돼지가 있다는 사실을 아시나요? 돼지고기 패티를 두툼하게 끼운 햄버거와 한국인의 '최애' 음식 삼겹살이 떠오르네요. 하지만 모두가 돼지고기를 사랑하는 것은 아니에요. 인도나 중동에는 종교적인 이유로 소고기나 돼지고기를 '먹어선 안 될' 음식으로 여기는 사람이 많답니다. 그리고 우리는 언제부터 라면, 짜장면, 국수 같은 면 음식을 즐기게 되었을까요? 이외에도 우리가 일상적으로 즐기는 면 요리나 카레, 연어와 망고, 초콜릿이 어디서 어떻게 왔는지 궁금하지 않나요?

우리가 사랑하는 먹거리가 어떻게 우리 곁에 왔는지를 돌아보면 인류를 지탱하는 먹거리의 미래에 대해서도 생각하게 됩니다. 최근에는 글로벌 식품 기업에 맞서 토착 먹거리를 지키려는 사람들, 생산 지역이나 국가의 농부들과 직거래하고 적정 이윤을 보장하기 위해 노력하는 사람들도 생겨나고 있어요. 아직도 세상엔 먹을 것조차 마음껏 먹지 못하는 이들이 많아요. 특히 기후변화로 경작 환경이 나빠지면서 생태 환경과 식량문제를 걱정하는 사람들도 늘었지요. 그래서 국제사회는 인류의 미래를 위해 노르웨이의 외딴 섬에 씨앗 저장고를 만들었어요. '먹을 것의 세계'를 돌아보는 이 책의 긴 여정은 바로 이 저장고에서 끝납니다.

이 책을 읽는다면 세상의 식탁 위에 오르는 다양한 음식과 이에 얽힌 흥미로운 이야기를 만날 거예요. 지금도 여전히 그 이야기는 진행 중입니다. 아마도 인류와 함께 영원히 지속될 이야기 중의 하나가 바로 음식에 관한 서사일 테니까요.

한 끼의 식사가 식탁에 오르기까지 거치는 복잡다단한 과정 뒤엔 수많은 사람과 그만큼 다양한 이야기가 얽혀 있습니다. 이 책이 우리의 몸을 만드는 먹거리를 이해하고, 음식에 담긴 다채로운 세상을 발견하는 데 도움이 되기를 바랍니다.

2021년 11월
오애리·구정은·이지선

차례

1장

치킨
세계인의 인기 단백질 공급원

식을 줄 모르는 치킨의 인기, 바야흐로 인류세는 '닭의 지질시대'

우리나라의 성인은 1년에 약 16킬로그램 정도 이 고기를 먹어요. 10가구 가운데 7가구는 1주일에 한 번 이것을 먹지요. 전 세계에서 기르는 가축 약 300억 마리 가운데 230억 마리는 대략 이것이에요. 이것은 무엇일까요?

바로 닭고기예요. 닭고기로 말할 것 같으면, 부모님 세대의 '통닭'에서부터 지금 십대에게 익숙한 '치킨chicken'에 이르기까지 닭을 빼곤 외식을 논할 수 없을 만큼 굳건한 위치를 차지하지요. '치킨'과 '하느님'을 결합한 '치느님'이라는 신조어가 등장할 정도로 인기 만점의 야식 메뉴로 자리매김한 지 오래입니다.

세계적으로도 그 인기는 마찬가지예요. 돼지고기나 소고기와는 달리, 여러 이유로 다양한 문화권 어디서나 선호하는 육류입니다. 경제협력개발기구OECD 통계에 따르면, 20세기까지 가장 많이 소비되는 육류는 돼지고기였어요. 하지만 21세기에 들어와서 닭고기 소비량이 돼지고기를 추월하기 시작했지요. 1990년대 이후 돼지고기와 소고기의 소비량은 정체된 반면, 닭고기 소비량은 지금도 계속 늘어나고 있어요. 2018년 기준으로 경제협력개발

<table>
<tr><td>

지질시대

지구가 생성되고 지각이 형성된 이후부터 현세까지의 기간을 말한다. 대규모 지각 변동에 의한 생물계 변화의 기준으로 현재는 '홀로세 Holocene'로 불리고 있다.

</td></tr>
</table>

기구 회원국 국민의 1인당 평균 닭고기 소비량은 30킬로그램을 넘어섰지만, 돼지고기는 약 24킬로그램, 소고기는 약 15킬로그램이에요. 닭고기와 돼지고기 소비량의 역전이 생긴 시점은 2000년입니다. 닭고기 값이 상대적으로 싼 데다 건강을 생각해 적색육보다는 백색육 소비가 늘어났기 때문이죠.

그래서일까요? 지질학자들은 지질시대를 인류가 환경에 끼친 영향이 막대해진 20세기 중반 이후를 기준으로 '인류세人類世, Anthropocene'라는 별도 시기로 나누어야 한다는 주장을 펴 왔는데, 만약 인류세가 만들어진다면 가장 큰 특징 중 하나가 '닭'이 될 것이라고 분석하기도 해요. 연간 650억 마리의 닭이 식용으로 소비되고, 230억 마리는 인류와 공존하고 있다는 논문도 나왔지요. 전 세계 인구가 78억 명이 넘으니 1명당 3마리가량 닭이 돌아가는 셈이죠. 인류가 이렇게 엄청난 수의 닭을 빠른 속도로 소비하기 때문에 썩지 못한 닭 뼈가 쌓일 수밖에 없고, "후세가 발견한 인류세의 지층엔 닭 뼈가 가득할 것"이라는 말도 나옵니다.

경제협력개발기구와 유엔식량농업기구FAO의 2020년 통계를

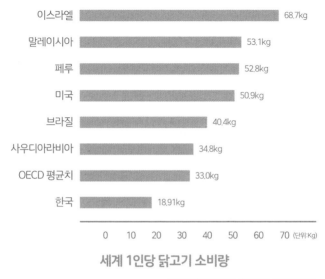

이스라엘	68.7kg
말레이시아	53.1kg
페루	52.8kg
미국	50.9kg
브라질	40.4kg
사우디아라비아	34.8kg
OECD 평균치	33.0kg
한국	18.91kg

0 10 20 30 40 50 60 70 (단위:Kg)

세계 1인당 닭고기 소비량

출처: 경제협력개발기구·유엔식량농업기구(2020)

보면, 1인당 닭고기 소비량이 가장 많은 나라는 이스라엘이에요. 그 뒤를 말레이시아, 페루가 차지해요. 사우디아라비아도 경제협력개발기구 평균치(33킬로그램)보다 많은 양을 소비해요. 유대인은 종교적인 이유로 돼지고기를 먹지 않는데, 이스라엘의 닭고기 소비량이 많은 이유는 이 때문인 것 같습니다. 전체 닭고기 최대 소비 국가인 미국, 전 세계에서 닭고기를 가장 많이 수출하는 나라 중 하나인 브라질의 1인당 닭고기 소비량도 상당하지요.

한국은 어떨까요? 1인당 닭고기 소비량이 18.91킬로그램이에요. '1인 1닭'의 나라라는 명성에 비해 많지 않아 의외라고요? 그런데 1980년에 비해 2018년에는 6배 가까이 증가하는 등 한국의 1인당 소비량은 계속 늘었어요. 2028년에는 지금보다 16.4킬로그램이 더 늘 것이라는 예상입니다. 게다가 외식업계의 선두주자 치킨의 인기는 식을 줄 몰라요. 2019년 한 금융 업체가 치킨 분석 보고서를 펴냈는데, 한국에서 가장 많이 시켜 먹는 배달 음식 1위가 치킨이었어요. 그만큼 치킨 업체도 많습니다. 치킨 프랜차이즈는 외식 프랜차이즈 가맹점의 21퍼센트로 가장 많지요.

1위라는 통계의 이면에는 어두운 그림자도 있어요. 창업 비용이 상대적으로 적게 들고 특별한 기술 없이도 가게를 열 수 있다는 점에서 치킨집이 성업 중이지만, 단위 면적당 매출액이 다른 업종에 비해 적고 업체 수가 많은 만큼 경쟁도 치열해요. 그만큼 폐업하는 경우도 많아요. 닭고기 수요가 계속 늘어난다고 해도 치킨집이 더불어 지속 가능할지는 의문이 남습니다.

프랜차이즈

본사에 가맹하는 형태의 업종을 말한다. 본사는 상호, 상표, 노하우 등을 제공하고, 가맹업자는 본사가 지정하는 품질 기준이나 방침을 따라 영업하는 비즈니스 방식이다.

오랫동안 인류와 함께해 온 닭의 시대는 어디쯤 와 있나? 짐승에서 가축으로, 그리고 가축에서 상품으로 위치가 달라진 이 동물 말이다.

치킨계의 라이징 스타, 너깃과 '스모 닭', 치킨노믹스의 시작!

　여러분은 닭 1마리를 통째로 사서 먹는 경우가 많은가요? 아니면 닭다리, 닭봉, 닭가슴살 등 부위별로 포장된 상품을 구매하거나 혹은 순살치킨, 치킨너깃처럼 아예 가공된 상품을 구매하나요? 아마 후자의 경우가 더 많을 거예요. 사람마다 입맛이 다르기도 하고 뼈를 발라낼 필요 없이 가공된 상품이 더 편하니까요.

자, 그럼 우리 모두가 사랑하는 치킨은 대체 어떻게 해서 우리 식탁 위에 오르게 될까요? 바로 이 순간 '치킨노믹스chickennomics', 즉 치킨 경제학이 시작됩니다. 닭이 동물이 아닌 상품이 되고 산업이 되기 시작한 순간부터 말이에요. 닭이 상품이 되면 생산 과정 또한 경제학의 원리를 따라가지요. 일단 업체들은 닭을 크게 키우기 시작해요. 큰 닭의 생산성이 높기 때문이에요. 쉽게 설명해 볼까요? 닭 1마리에서 나올 수 있는 닭고기 양이 많을수록 업체는 이익을 봅니다. 사료비는 똑같은데 더 큰 닭을 키울 수 있다면 당연히 남는 이익은 더 커지지요. 그래서 닭의 품종 개량이 시작됩니다. 더 많은 고기, 더 맛있는 고기를 생산해야 하니까요. 특히 패스트푸드 업체를 중심으로 너깃과 치킨버거에 쓰이는 닭고기 패티 등의 수요가 늘자, 닭의 가슴살을 비정상적으로 크게 키운 품종이 생산되기 시작했어요. 몸집이 거대해진 스모 선수 체형으로 변한, 이

너깃과 패티

너깃은 주로 닭의 살, 껍질 등을 갈아 넣고 밀가루와 섞어 반죽한 뒤 튀긴 음식이다. 패티는 소고기, 돼지고기, 양고기 등을 갈아 채소와 섞어 둥글고 납작하게 만든 덩어리다.

른바 '스모 닭'이 등장한 거죠.

닭이 자라는 속도를 생각해 볼까요? 닭이 빨리 자라 판매 가능한 일정한 무게에 더 빨리 도달할수록 업체의 이익은 커지겠지요. 그래서 그 방향으로도 품종 개량이 이뤄졌어요. 1970년대에는 닭이 판매 가능한 몸무게에 도달하려면 10주가 걸렸는데, 개량된 닭 품종은 40일이면 다 커요. 계산하면 닭을 한 번밖에 팔지 못할 시간에 두 번 가까이 판매할 수 있게 됐다는 뜻이죠. 당연히 이는 매출 증대로 이어집니다. 닭의 수명이 5년에서 13년인 점을 감안하면 아주 어린 병아리 시절에 이미 고기가 되어 버리는 것이지요.

경제학적 측면에서 본다면 순조로운 전환일지 모르나 이 변화는 닭으로서는 큰 재난이에요. 불어난 몸에 비해 다리는 지나치게 가늘고 약하다 보니 관절과 근육에 무리가 가기 시작했어요. 통증 때문에 다리를 제대로 펴지도 못하는 닭도 있어요. 가슴살만 커지다 보니 살이 흐물흐물해지고 수분이 빠지는 증상도 생겨요. 닭에게 처참한 이 현실은, 양계 업체로서는 '상품'의 맛이 떨어지는 고민으로 이어졌어요. 그래서 가공 과정에서 수분이 빠져나가지 못하도록 인산염이나 소금 등을 첨가하게 됐어요.

2002년 이스라엘에서는 '깃털 없는 닭'까지 만들어졌어요.

치킨노믹스를 꿈꾸며 공장식 축산이 이루어지고 있는 양계 농장.

털이 다 손질되어 가공을 마친 맨살의 닭처럼 보이지만 실제로는 살아 있는 이 닭의 모습은 상당히 충격적이에요. 왜 이런 기이한 모습의 닭까지 만들어진 걸까요? 다름 아닌 깃털 제거 과정을 생략해 비용을 아끼려는 기업의 속셈 때문입니다.

조류인플루엔자, 닭은 죄가 없다

　앞서 말한 대로 닭을 키워 닭고기를 생산하는 일은 산업이 되었어요. 상품이 된 닭에는 효율성을 극대화하는 방향으로 품종 개량이 행해졌고요. 기업 입장에서는 상품 자체를 혁신하려는 노력에 더해 또 무엇이 필요할까요? 바로 상품 생산 라인을 효율적으로 만드는 일입니다. 집 뒷마당에서 몇 마리씩 키우던 닭의 규모를 점차 늘려 규모의 경제를 실현하자는 것이 그 핵심 개념이에요. 바로 '공장식 축산' 방식이 도입된 것이지요.

　대형 육가공 업체가 그 중심에 서서 양계 농가를 아우릅니다. 개별 축산업자나 농부와 계약을 맺고 사육 방법이 담긴 매뉴얼과 함께 알이나 병아리를 보내 줘요. 그뿐만이 아니에요. 어떤 사료를 먹일지, 병든 닭에게는 어떤 약품을 투입할지까지 모두 정해서 내려보냅니다. 닭이 어느 정도 크면 가공 공장으로 옮겨야 하는데 이를 운반할 운송업자까지 대형 업체가 책임지지요. 이러한 수직 계열화는 1970년대에 미국에서 자리 잡은 모델로, 대표적인 기업 타이슨 푸즈Tyson Foods의 이름을 따 '타이슨 모델'로 불려요. 이런 생산 과정을 거치면서 닭고기 생산량이 폭발적으로 늘

세계 각지의 재래시장에서 볼 수 있는, 포장된 상품 형태가 아니라 살아 있는 닭들.

었어요.

대형 업체들은 수직 계열화에서 그치지 않아요. 계약을 맺은 소규모 농가에 대해 성과에 따라 순위를 매기고 경쟁을 붙입니다. 정해진 값을 주는 게 아니라 순위에 따라 농부들이 받는 돈이 달라지는 구조입니다. 대형 업체는 돈을 벌지만 결국 농부들은 이윤에서 소외되기 시작했어요.

패스트푸드 체인

반조리 음식을 빨리 조리해 파는 기업형 식당 업체를 뜻한다. 조리 시간을 줄이기 위해 공장에서 만들어진 냉동 재료를 주로 사용하며 체인망 점포마다 메뉴가 똑같고 맛도 비슷하다.

하지만 이 모델은 더는 미국만의 것이 아니에요. 브라질에서도, 중국에서도, 태국에서도 대형 업체들이 이 모델을 도입하고 있어요. 태국의 대기업 차론 폭판드CP. Charoen Pokphand 그룹은 여러 나라에 걸쳐 사료 생산 라인, 닭고기 사육장 등을 두는가 하면 태국에 거대 패스트푸드 체인을 소유하고 있어요. 닭고기의 생산과 소비에 이르기까지 전체 과정에서 CP 그룹이 관여할 수 있는 판을 만들어 둔 셈이죠. 닭고기 생산이 늘어나면, 같은 그룹 소유의 패스트푸드 체인에서 소비하면 되니까요.

이 과정에서 여러 문제점이 생겨났지만 가장 주목할 만한 점은 조류인플루엔자 같은 치명적인 감염병이 가금류 농장, 아니 공장에서 발생했다는 거예요.

1997년 홍콩을 시작으로 고병원성 인플루엔자 A^{H5N1} 바이러스가 번져 나갔어요. 홍콩뿐만이 아니에요. 2003년 이후 한국에서도 여러 차례 조류인플루엔자가 발생했으며, 미국에서도 H5N1이 아닌 저병원성이지만 여러 종류의 조류인플루엔자가 발생했어요. 이 병원균은 면역이 약한 개체군으로 옮겨 가며 감염을 일으키고 피해를 키우는데, 대규모로 닭을 키우다 보면 병원균이 옮겨 가기 쉬운 환경이라 병이 퍼지기 쉬워요. 게다가 품종 개량으로 인해 얼마 살지도 못하고 도축되는 닭의 면역력은 극도로 떨어진 상태예요. 그만큼 감염 위험이 크다는 뜻이에요. 대규모 축산으로 닭이 병들면 그 여파가 고스란히 인간에게도 돌아오게 되지요.

이런 상황을 알기에 대규모 양계 농가의 출입은 엄격하게 통제되고 있습니다. 최근 CP 그룹은 여러 센서와 카메라를 장착한 이동식 휴머노이드 로봇을 양계 농장에 배치해서 체온이 급격하게 높아지거나 움직임이 없는 닭을 구별하게 하기도 했어요. 사람의 출입을 가능한 한 줄이려는 시도예요. 지금도 조류인플루엔자는 2~3년을 주기로 발생하고 있어 예방이 더욱 중요해지고 있습니다.

당연히 모든 치킨은 옳을까?
진정으로 옳은 치킨을 위하여!

'불금'이면 가족이나 친구들과의 즐거운 한때를 완성해 주는 인기 만점 음식, 치킨. 우리가 즐겨 먹는 닭의 생장 뒤에 이런 환경과 구조가 있다는 사실, 조금은 짐작해 본 적이 있나요? 어쩌면 우리가 닭과 어떻게 공존하느냐는 인간의 미래를 보는 단초가 될 수 있을 것 같아요. 최근 여러 양계장에서 닭이 스트레스와 질병에 노출되지 않도록 케이지와 축사 면적을 넓히는 등 사육 환경을 개선하는 변화가 일고 있지요. 또한 이런 농장이 생산하는 닭과 달걀에 대한 소비자의 관심도 커지고 있습니다.

이제 치킨은 세계인의 대표적인 단백질 공급원이자 '소울푸드'가 되었습니다. 더 건강하게, 혹은 더 올바르게 닭을 먹을 방법은 분명 있을 거예요. 유기농 운동이나 로컬 푸드 운동이 대표적인 예라고 할 수 있지요. 인류세를 대표하는 동물인 닭과 인간의 관계는 앞으로 어떻게 변화하게 될까요? 앞으로 닭은 우리의 식탁 위에 어떤 모습으로 오르게 될지 궁금합니다.

공장식 축산의 현재

공장식 축산은 결국 집약적 사육으로 귀결된다. 공간 효율성을 극대화해 비용을 절감하겠다는 의도다. 어떤 닭들은 '배터리 케이지battery cage'라고 불리는 사육장 안에서 평생을 살기도 한다. 우리의 크기는 사방 20~25센티미터 정도다. A4 용지보다 작은 이 케이지 안에 닭을 넣고, 닭이 든 케이지를 몇 미터 높이로 쌓아 둔다.

케이지를 쓰지 않는 '케이지 프리cage-free' 방식의 농장이라고 하더라도 닭들이 다닥다닥 붙어서 살기는 매한가지다. 서로를 공격하지 않도록 부리는 어릴 때 미리 잘라 내기도 한다. 농장은 빛이 잘 들지 않고, 바람이 통하지 않아 인공 환풍 시설이 필수적이다. 닭들이 그대로 배변하고 그 위에서 다시 생활하기 때문이다.

　이런 환경에서 살아가는 닭은 얼마나 고통스러울까? 이미 수십 년 전부터 공장식 축산은 동물권을 심각하게 위반하고 있다는 비판에 직면했다. 2003년부터 유럽연합EU은 이런 목소리를 반영해 배터리 케이지를 새롭게 만드는 일을 금지했다. 2012년부터는 산란기 닭은 기존의 배터리 케이지에 넣을 수 없도록 강제하고 있다.

　한국도 상황이 비슷하다. 케이지 사육을 하다 보니 조류인플루엔자가 발생하면 닭이 수만 마리씩 한꺼번에 살처분된다. 이후 우리 정부도 닭의 사육 면적을 1.5배 넓히고 케이지 높이를 9단 이하로 규제하는 등 시행령을 마련했다. 또한 '동물복지 축산농장 인증 표시' 등을 도입했다. 하지만 아직도 갈 길이 멀다.

　동물권 보호 단체를 중심으로 소비자가 이 같은 상황을 인식하고 소비 패턴을 바꿔야 기업이 바뀌고 실질적으로 변화를 끌어낼 수 있다는 주장도 나온다. 예를 들어, 달걀에 새겨진 난각 번호 도입 등이 있다. 달걀 껍데기에는 영문과 숫자가 조합된 스탬프가 찍혀 있는데 이 가운데 맨 끝 번호가 닭의 사육 상태를 알리는 숫자다. 1, 2번은 케이지 프리 환경에서 자란 닭이 낳은 알이라는 뜻이다. 우리가 이 정보를 인지하고 소비에 참고한다면 소비자 요구에 예민한 기업이 변화하고, 닭도 조금 더 깨끗하고 쾌적한 환경에서 자랄 수 있지 않을까?

2장

콜라

세상을 사로잡은 검은 설탕물

나우루와 '콜라 식민지'

콜라는 우리가 아주 좋아하는 달달한 탄산음료입니다. 바닐라, 계피, 유자즙 등으로 향을 내기도 해요. '콜라[kola]'라는 식물 열매에서 추출한 재료로 만들었기에 이 이름이 붙었어요. 콜라의 역사는 무려 130여 년을 거슬러 올라가요. 우리가 아는 콜라를 처음으로 만들어 팔기 시작한 사람은 미국 조지아주의 약사 존 펨버턴[John Pemberton]으로 알려져 있어요. 1883년 안젤로 마리아니[Angelo Mariani]가 중남미에 많이 자라는 식물 코카[coca]에서 뽑아낸 성분을 넣어서 알코올이 안 들어간 '코카 와인[coca wine]'을 개발했는데, 3년 뒤인 1886년에 펨버턴이 거기서 아이디어를 얻어 콜라를 만들었지요. 코카 와인에 아프리카가 원산지인 콜라 열매 성분을 추가해서 마시기 좋은 음료를 탄생시킨 거죠.

콜라 열매에 많이 함유된 카페인이 들어 있어 잠시나마 각성하는 듯한 기분을 안겨 주는 이 음료는 이내 엄청난 인기를 끌었어요. 곧 여러 기업이 콜라 제

> **콜라 식민지**
>
> 2차 세계대전 뒤 미국의 영향이 유럽에 밀려 들어오는 것을 가리켜 처음 쓰인 말이다. 현재는 세계화로 인해 정크푸드가 작은 나라들을 뒤덮는 현상을 뜻하는 의미로 쓰인다.

조에 뛰어들었습니다. 드디어 '콜라의 시대'가 시작된 것이지요.

그럼 이제 태평양의 한 섬으로 떠나 볼까요? '나우루'라는 작은 섬나라가 있답니다. 적도 바로 아래에 있는 이 나라는 넓이 21제 곱킬로미터에 해안선이 30킬로미터에 불과해요. 호주에서 비행기를 타고 4시간 30분을 날아가면 이 나라가 나와요. 인구는 1만 명이 채 못 되고, 온 나라에 신호등이라고는 공항 앞에 있는 단 하나뿐이에요. 원래는 전통 생활 방식을 지키면서 외부의 영향을 받지 않고 평화롭게 살아가던 섬이었지요. 자신들만의 고유 언어가 있지만 사실상 영어를 공용어로 쓰고 있어요.

비료의 원료인 인산염을 수출해 먹고사는 이 조그만 나라는 독일, 호주, 일본의 점령과 유엔 신탁통치 시기를 거쳐 1968년에 마침내 독립했어요. 1999년에는 '세계에서 가장 작은 공화국'으로 유엔 회원국이 됐지요. 산업이라곤 인산염 채굴과 소규모 코코넛 농장 정도예요. 나우루는 100년 가까이 인 광산을 파헤친 끝에 섬 전역이 황폐해졌어요. 수산업은 외국에서 온 원양어선들에 넘어갔고, 정부는 외국 어선에 조업 허가권을 팔아 수입을 얻는 상황이었지요.

인산염

비료 원료나 공업제품의 첨가물로 쓰인다. 한때 나우루는 이 자원을 팔아서 풍요로 웠지만, 인산염을 거의 다 파낸 뒤로는 별다른 산업이 없어 주민들이 떠나가고 있다.

지금 나우루섬의 슈퍼마켓 진열대는 통조림이 점령하고 있다. 냉동 채소, 육류, 해산물 모두 외국 수입품이다.

　작은 규모지만 농사짓고 과일 따고 물고기 잡던 이 섬은 어느 날부터 정크푸드 천국이 되었어요. 정크푸드는 콜라나 햄버거 같은 인스턴트 음식을 '쓰레기 음식'이라고 비하하는 말이에요. 외국 거대 기업이 만든 인스턴트 식품이 쏟아져 들어오면서 이 작은 섬이 '콜라 식민지'로 변했습니다. 고유의 전통적인 먹거리는 사라지고 다국적 식품 회사의 식민지가 되었다는 뜻이에요. 바다 건너 어마어마한 거리를 옮겨 다니는 다국적 기업의 식품, 그 대명사가 바로 콜라예요.

정크푸드는 곧 식탁만이 아니라 나우루섬 전체를 점령해 버렸어요. 수풀 속, 바닷가, 고원과 호수 주변 모두 쓰레기 천지가 되었습니다. 캔과 비닐 포장재가 섬을 뒤덮었지요. 나우루의 슈퍼마켓에 가면 엄청난 양의 캔이 상품 진열대를 가득 채우고 있어요. 주민들은 콜라와 함께 소고기를 소금에 절인 통조림 콘비프를 끼니로 먹지요.

잉카콜라, 잠잠콜라, 메카콜라……, 세계의 다양한 콜라들

설탕과 옥수수 전분에서 뽑은 시럽으로 단맛을 낸 콜라는 대기업으로 넘어가 글로벌 히트 상품이 되었어요. 콜라의 대표 격인 코카콜라CocaCola와 펩시콜라PepsiCola 두 회사가 이 새로운 음료를 판매하기 시작한 것은 1890년대부터입니다.

'콜라 식민지'라는 말이 쓰일 정도로, 콜라는 미국 거대 기업의 '세계 입맛 점령'을 상징하는 식품이 됐어요. 그러나 이에 맞선 각국의 토착 콜라 경쟁도 치열해요. 대체로 콜라라고 하면 코카콜라와 펩시콜라를 떠올리지만, 세계에는 다양한 나라만큼이나 다양한 콜라가 존재한답니다. 맛도 조금씩 다르지만 코카콜라에 맞서 그 나라를 대표하는 상징처럼 여겨지는 콜라들도 있지요.

가장 유명한 것 중 하나가 잉카콜라^{Inca} Cola예요. 15세기에 오늘날의 페루 일대에 세워진 제국의 이름이 바로 잉카였어요. 이름에서 보듯이 잉카콜라는 페루의 콜라랍니다. 잉카콜라의 특징은 색깔이에요. 오렌

지와 레몬의 향취가 강한 잉카콜라는 특이하게도 검은색이 아니라 노란색이지요. 미국에서 건너온 음료를 본떠 콜라를 만들기 시작한 게 잉카콜라의 출발점이었어요. 여러 이름을 거쳐서 1935년, 즉 유럽인이 페루의 수도 리마를 건립한 지 400년 된 해에 맞춰 잉카콜라라는 신제품이 나왔고 지금껏 페루에서 인기음료의 자리를 지키고 있습니다. 특히 20세기 중반 페루에서 민족주의가 힘을 얻으면서 잉카콜라는 단순한 음료를 넘어 미국 문화에 맞선 민족적 자부심의 상징이 됐어요. 잉카콜라 기업에서 이런 주제의 이야기로 광고 캠페인을 한 것도 분명 영향을 미쳤지요.

하지만 1990년대에 들어 잉카콜라 회사는 휘청거렸고, 결국 코카콜라에 손을 내밀어야 했어요. 회사가 완전히 넘어가지는 않

815콜라

1998년 한국에서도 국산 브랜드 '815콜라'가 나왔다. 하지만 성공하지는 못했다. 2005년에 제조사는 파산했다. 2014년과 2016년에 각기 다른 회사가 815 브랜드를 살리려고 했지만 결국 실패했다.

다국적 기업

여러 나라에 영업이나 생산 거점을 두고, 국경을 넘나들며 활동하는 거대 기업을 가리킨다. 우리나라의 삼성, LG 같은 기업 역시 다국적 기업이다.

았지만 코카콜라 측에서 투자해 회사의 지분을 사들였어요. 지금 두 회사는 경쟁자라기보다는 협력사로, 잉카콜라는 페루뿐 아니라 남미 여러 나라에서 팔리고 있습니다. 미국에 남미 출신 이민인 히스패닉^{Hispanic} 인구가 늘어나면서, 이제는 잉카콜라가 미국으로 수출되기도 한답니다. 다만 미국 시장에서는 코카콜라 이름을 달고 팔리지요.

또 2009년에 잉카콜라는 스위스의 다국적 식품 기업 네슬레^{Nestlé}의 자회사인 페루 아이스크림 회사와 협력 관계를 맺었어요. 페루 자존심의 상징이던 음료가 이제는 다국적 기업과 손을 잡고 판매되는 거지요.

남미의 대표 콜라가 잉카콜라라면, 중동에는 잠잠콜라^{Zamzam Cola}와 메카콜라^{Mecca Cola}가 있어요. '잠잠'은 원래 사우디아라비아의 이슬람 성지 메카 주변에 있는 샘물 이름입니다. 구약성서에 나오는 인물인 아브라함의 큰아들이 사막을 헤매다가 이 샘물을 마시고 생명을 구했다고 해요. 거기에서 이름을 따온 콜라가 잠

미국 콜라에 맞선 독창적인 세계의 콜라들이다. 순서대로 페루에서 탄생한 잉카콜라, 이슬람 세계의 잠잠콜라와 메카콜라, 그리고 지금은 사라진 한국의 815콜라.

잠콜라예요. 이란의 잠잠 그룹이 생산하는 이 잠잠콜라는 이슬람 세계에서 큰 인기가 있어요.

사실 잠잠콜라의 출발점은 펩시콜라예요. 1954년 펩시가 이란에 자회사를 두고 잠잠이라는 브랜드의 콜라를 내놨습니다. 그런데 1979년 이란에서는 이슬람혁명이 일어났어요. 새로 수립된 정부는 미국 문화와 상품을 배척했지요. 펩시콜라는 잠잠에서 손을 뗐고, 잠잠은 이란의 토착 콜라로 재탄생했습니다.

그 후 잠잠은 미국 문화의 상징인 코카콜라나 펩시콜라에 저항하는 상징이 됐어요. 2002년 사우디아라비아에서 미국 상품 불매운동이 일어났는데, 그때 소비자가 거부한 대표적인 상품이 코카콜라였습니다. 이슬람 신자가 메카 성지를 순례하는 일을 '하지Haji'라고 해요. 코카콜라 불매운동이 거세게 일어나면서, 그해에는 잠잠이 '비공식 하지 음료'로 불티나게 팔렸지요.

메카콜라는 이름 자체를 이슬람 성지에서 따왔어요. 하지만 정작 이 콜라를 만드는 회사는 프랑스에 있어요. 2001년에 미국 뉴욕에서 이슬람 극단주의 조직이 9·11테러를 일으켰죠. 그러자 미국은 테러 주범들

미국의 아프가니스탄 침공

2001년 미국이 일으킨 아프가니스탄전쟁은 무려 20년을 끌었다. 하지만 결국 미국은 이슬람 무장 세력 '탈레반'을 이기지 못했고, 2021년 8월 다시 탈레반이 아프가니스탄 전역을 장악하는 사태가 벌어졌다.

이 숨어 있다는 이유로 이란 옆의 아프가니스탄을 공격했고, 더 나아가 테러와 관련 없는 이라크까지 침공하겠다고 선언했어요. 이 일로 이슬람 세계는 물론이고 유럽과 아시아에서도 미국에 반대하는 정서가 커졌어요.

메카콜라는 2002년 팔레스타인 이민자 출신으로 프랑스에 살던 한 기업가가 이런 분위기를 타고 만든 콜라예요. 처음에는 이란의 잠잠 그룹과 계약을 맺고 유럽에서 생산하려고 했는데 합의를 보지 못해서 자체 브랜드로 만들었다고 해요. 메카콜라는 이슬람 세계와 유럽에서 팔리고 있고 영국과 인도, 캐나다로도 수출됩니다.

또한 튀르키예에는 '콜라투르카^{Cola Turka}'가, 중국에는 퓨처콜라^{非常可乐, Future Cola}와 라오산콜라^{崂山可乐, Laoshan Cola}가, 파키스탄에는 암랏콜라^{Amrat Cola}가, 인도에는 캄파콜라^{Campa Cola}가 있어요. 독일에서는 통일 전 동독 지역에서 비타콜라^{Vita Cola}가 인기를 끌었는데, 지금도 예전의 동독 지역에서 많이 팔려요. 동유럽에는 콕타콜라^{Cockta Cola}가 있는데 슬로베니아의 한 기업이 만들지요.

저개발국 농민이 힘들게 농사를 지어 싼값에 농산물을 거대 기업에 넘기면 기업은 비싼 상품으로 만들어 부자 나라 시장에 내놓습니다. 이런 생산·유통 구조에 반기를 들고 생산자인 농민

2017년 미국 비영리 소비자 단체 프락시스 프로젝트(The Praxis Project)는 당뇨병을 유발하는 설탕 첨가 음료 광고 중단을 요구하며 코카콜라와 미국 음료협회를 상대로 소송을 제기했다.

들에게 제 몫을 주자는 것이 공정무역 운동이에요. 마찬가지로 콜라에도 공정무역 브랜드가 있어요. 영국의 우분투콜라 Ubuntu Cola 는 인간애, 공감 등을 뜻하는 아프리카 남부 반투어인 '우분투'에서 그 이름을 따왔어요. 공정무역 캠페인을 하는 페어트레이드 Fairtrade 재단이 만드는 이 콜라는 남아프리카의 농업 국가인 말라 위와 잠비아 등지에서 생산되는 설탕을 씁니다.

인스턴트 식품은
우리의 몸을 어떻게 바꿀까?

코카콜라의 제조법은 회사가 철저하게 기업 비밀을 지키고 있는 것으로 유명하지요. 하지만 제조법이 공개된 콜라도 있어요. 인터넷에 제조법이 공개된 이런 콜라를 오픈소스open source 콜라라고 불러요. 그런데 콜라 회사들의 진짜 고민은 오픈소스나 치열한 브랜드 간 경쟁이 아니에요. 바로 건강 문제입니다.

앞에 소개한 섬나라 나우루로 다시 가볼까요? 나우루 사람들은 뚱뚱합니다. 물론 뚱뚱한 것은 죄가 아니에요. 체질적으로 살이 찌는 사람도 있고, 단것을 좋아하는 사

> ### 설탕의 원료
>
> 세계에서 판매되는 설탕의 80%는 사탕수수, 나머지 20%는 사탕무로 만든다. 주로 개도국 농부들이 두 작물을 키운다. 1990년대부터 유럽을 중심으로 공정무역 설탕 제품을 찾는 사람들이 늘고 있다.
>
> ### 오픈소스
>
> 소프트웨어의 소스 코드를 공개하는 것을 뜻하는 정보통신 분야 용어다. 현재 원하는 사람들은 모두 이용하도록 제작법을 공개한 여러 제품에도 이 용어를 쓴다.

람도 있습니다. 그런데 한 지역 주민 대부분이 불과 몇십 년 만에 비만 인구로 바뀌었다면, 그곳 주민들의 식생활에 문제가 있다는 뜻이겠지요.

전통 음식문화가 유지되던 시절에 나우루 사람들은 뚱뚱하지

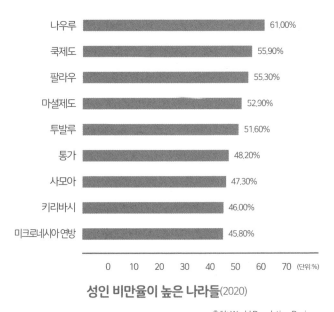

나우루	61.00%
쿡제도	55.90%
팔라우	55.30%
마셜제도	52.90%
투발루	51.60%
통가	48.20%
사모아	47.30%
키리바시	46.00%
미크로네시아연방	45.80%

0 10 20 30 40 50 60 70 (단위:%)

성인 비만율이 높은 나라들(2020)

출처: World Population Review

않았어요. 그런데 지금은 인구 95퍼센트가 비만이나 과체중입니다. 인구 절반은 당뇨병에 걸렸지요. 주변 섬나라들도 사정이 비슷해요. 마셜제도, 미크로네시아 연방, 통가 같은 태평양 섬나라 주민들은 다수가 비만 혹은 과체중이에요. 역시 당뇨병 환자가 많고요. 모두 콜라 식민지가 되어 탄산음료와 인스턴트 음식을 주식으로 삼는 나라들이에요.

콜라에는 설탕과 인공 감미료가 아주 많이 들어가요. 나우루는 비료의 원료인 인산염을 파는 나라라고 했지요? 인산과 염소가 결합한 것을 인산염이라고 해요. 그런데 염소와 결합하지 않은 인산은 콜라에 많이 든 성분으로 뼈를 부식시켜요. 콜라를 많이 마시면 살이 찌는 것은 물론이고, 치아가 부식된다는 사실은 모두 잘 알 거예요. 콜라를 오랫동안 마신 여성들은 나이가 들어서 뼈가 약해지는 골다공증에 걸릴 위험이 크다는 연구도 있어요.

콜라는 태평양의 섬나라들뿐 아니라 미국에서도 비만의 주된 이유 중 하나로 꼽힙니다. 탄산음료를 많이 마시는 사람은 칼슘, 마그네슘, 비타민 C와 비타민 A 같은 필수영양소를 덜 섭취하는 경향이 있어요. 콜라에 많이 든 카페인 역시 건강에 나쁜 영향을 주지요. 콜라를 많이 마시면 만성 신장 질환에 걸릴 위험이 커진다는 연구도 나왔습니다. 잠시의 톡 쏘는 청량감을 즐기려다 건강을 희생시키는 일은 없어야겠지요.

> **인공 감미료**
>
> 요즘에는 사탕수수나 사탕무에서 뽑아낸 설탕 대신에 화학물질을 합성한 인공 감미료가 많다. 설탕보다 달지만 열량은 낮아서 널리 쓰이는 '아스파탐(aspartame)' 등이 대표적이다.

거대 자본과 먹거리

스마트폰은 삼성과 애플, 검색은 구글, 항공기는 보잉과 에어버스. 상품마다 대표적인 브랜드와 기업이 존재한다. 우리가 먹는 식품과 음료 뒤에도 그런 거대 기업이 있다.

세계에서 가장 큰 식품 회사로 꼽히는 스위스 네슬레는 커피와 코코아부터 분유, 통조림까지 거의 모든 식품을 생산한다. 펩시콜라는 콜라뿐 아니라 프리토레이Frito-Lay, 에너지 브랜즈Energy Brands 등 자회사를 통해 온갖 종류의 식음료를 만들어 세계에 판매한다. 브라질의 JBS, 미국의 타이슨 푸즈는 유명한 육류 생산·가공 업체다. 몬산토Monsanto와 카길Cargill은 미국에 뿌리를 둔 거대 농업생명과학 회사로, 2018년 독일 바이엘이 인수한 몬산토는 유전자를 변형시킨 종자와 농약을 세계 농민들에게 팔고 있고, 카길은 쌀을 비롯해 여러 종류의 곡물을 생산한다. 이런 거대 식품 회사들이 세계인의 식탁을 장악하면서 먹

거리가 외국 기업에 종속되는 활동을 걱정하는 사람들이 많다. 우리가 꼭 한 번 생각해 봐야 하는 주제이기도 하다.

농축산물을 생산하고 가공해서 식품으로 만드는 활동을 넘어 유통 방식 역시 정보기술IT 시대에 맞춰 갈수록 변화하고 있다. 거대 정보기술 기업, 이를테면 미국 아마존Amazon이나 중국 알리바바Alibaba 같은 전자상거래 업체, 이른바 '빅 테크Big Tech'는 세계의 농민과 식품 산업 노동자의 삶, 나아가 지구 환경에도 점점 큰 영향을 미치고 있다.

알리바바는 중국에서 가장 큰 슈퍼마켓 체인을 인수했고, 아마존은 인도의 식품 유통 업체들을 사들였다. 식품 시장에 뛰어든 빅 테크 기업들은 인공지능을 활용한 컴퓨터 시스템으로 농업에까지 관여하기 시작했다. 첨단 기술로 기상이변과 감염병에 대비하면서 농작물을 생산하고, 빅데이터를 활용해서 식료품 재고를 관리하는 식품 생산 체계가 세계 곳곳에서 만들어지고 있는 것이다.

거대 기업은 식품을 더 적은 비용으로, 더 위생적인 시설에서 대량 생산해 싼값에 공급할 수 있다. 하지만 그 '적은 비용'을 유지하기 위해 식자재를 일차적으로 생산하는 농민이나 식품 공장 노동자 혹은 배달 노동자에게 저임금 노동을 강요한다는 비판이 적지 않다.

인공지능을 활용한 스마트 농업과 온라인 유통이 대세가 되면서 식탁 위의 식품 가짓수만큼이나 우리가 함께 고민할 문제들도 늘어나고 있다.

3장

피자

이민자의 음식에서 세계의 음식으로

한국에서 피자를
주문한다는 것

좌등佐藤 일본 수상(제61·62·63대 총리를 지낸 정치인 사토 에이사쿠)을 비롯해, 24개국 60명이 묵을 '워커힐'은 1일 오후 경회루에서 베풀어질 리셉션 준비까지 맡아 '캐너디언 클럽' 등 300여 종의 술과 구절판 등 한식 안주 13종, '에그롤' 등 중국식 안주 18종, '피자 파이' 등 양식 안주 30종을 장만하느라 잔칫집처럼 떠들썩했다.

여러분은 어떤 배달 음식을 제일 좋아하나요? 위의 글은 1967년 6월 30일 자 〈동아일보〉 기사입니다. 제6대 한국 대통령 취임식을 하루 앞두고 어떤 준비를 하는지에 관한 기사인데, 그중 음식 부분이 눈에 들어오네요. 밀전병에 여러 재료를 싸 먹는 한국의 고유 음식 구절판, 달걀과 밀가루로 만든 피 안에 고기와 채소를 넣고 돌돌 말아 튀긴 에그롤, 그리고 바로 이것! '피자 파이' 말이죠.

이 기사에 등장한 피자 파이가 바로 지금 앱으로 주문만 하면 우리 집 앞에 따끈따끈하게 도착하는 피자예요. 밀가루로 만든 납작한 반죽 덩어리도우, dough에 토마토소스나 치즈, 채소, 고기 등

1985년에 이태원에 문을 연 국내 첫 프랜차이즈 피자헛 1호점.

토핑을 얹고 구워 낸 음식이죠. 가장 흔한 배달 음식이기도 해요. 냉동 피자도 인기가 좋아요. 아이도, 어른도 모두 좋아하고 어디서나 어울리는 음식이 바로 피자랍니다.

　이 기사에서도 볼 수 있듯이 1960년대에도 '피자'라는 음식이 우리나라에 있기는 했어요. 하지만 귀빈을 대접하기 위한 메뉴였을 뿐, 대중화되지는 않았지요. 1963년 워커힐 호텔의 힐탑 바에서 한국 최초로 피자를 판매했지만, 이용하는 사람도 외국인이나 고위 인사였다고 해요. 피자를 파는 일반 음식점이 언

제 생겼는지는 정확하지 않아요. 하지만 여러 보도를 종합하면 1970년대의 서울 명동에 피자를 주메뉴로 한 식당이 생겼다는 것은 확실해요.

이렇듯 대중에 선보였으나 아직 생소한 음식이었던 피자의 위상은 1980년대에 프랜차이즈가 들어오면서 조금씩 높아졌어요. 1985년 이태원에 피자헛 1호점이 생긴 이후 몇 년 안에 시카고피자, 도미노피자 등 피자 체인이 연이어 생겨났죠. 지금은 한국 브랜드인 미스터피자도 1990년에 문을 열었답니다. 피자 브랜드의 국내 상륙 시점은

한국 배달 음식의 시작

우리나라 최초의 배달 음식은 조선시대로 거슬러 올라간다. 궁중의 고급 요리였던 냉면을 시켜 먹은 기록, 숙취를 해소하려고 해장국인 효종갱을 배달시킨 기록이 있다. 물론 흔한 일은 아니었다. 현재 한국인이 가장 많이 배달시키는 음식은 치킨이며, 분식과 중식, 피자도 배달 음식의 대표 주자다. 코로나19 여파와 배달 앱 발달로 온라인 배달 음식 거래액은 2020년 기준 약 17조 3,800억 원으로 크게 늘었다.

경제성장으로 외식을 할 여력이 생긴 중산층이 늘어난 시점과 맞물리면서 피자가 '인기 메뉴' 대열에 합류한 배경이 되었어요. 그래도 대체로 피자는 밖에 나가서 먹는 특별한 음식으로 여겨졌어요.

하지만 전화 주문을 받고 배달하는 서비스로 영역을 확장하면서 집에서도 즐길 수 있는 보편 메뉴라는 인식이 점차 자리 잡게 됐습니다. 이렇게 성장한 한국 프랜차이즈 피자 시장의 규모는 계

속 확대되어서 이제는 2조 원대에 육박해요. 크고 작은 프랜차이즈도 많이 생겨나 현재 120여 개 프랜차이즈로 늘어났어요.

팔리는 피자 종류도 엄청나게 많아요. 2019년에 미국 블룸버그통신 Bloomberg News 은 한국에서 판매되는 피자를 유튜버들이 직접 찾아가 소개하는 콘텐츠를 제작해 유튜브 채널에 올린 적이 있어요. 이 영상에서 공개된 것 중에는 고구마 무스가 얹힌 도우 위에 오징어, 게살 등 다양한 해산물과 코코넛이 올라간 피자도 있고, 토핑으로 딸기나 블루베리 같은 과일을 올리거나 바닐라 젤라토와 바나나를 올린 피자도 소개됐지요. 피자는 지금도 한국인의 기호에 맞게, 혹은 더 실험적으로 계속 변신하는 중이에요.

그런데 최근에 피자 시장에 등장한 강자가 있어요. 바로 냉동 피자입니다. 사실 냉동 피자는 새롭게 나타난 아이템은 아니에요. 한국뿐 아니라 세계 여러 나라에서 오븐 또는 전자레인지, 에어프라이어에 돌리기만 하면 조리가 끝나는 피자는 간편식(인스턴트 음식)의 대표 주자이지요. 그렇다고는 해도 냉동 피자는 몸에 좋지 않은 음식이라는 이미지가 강했어요. 열량을 채울 수는 있지만 맛이나 영양가는 떨어지는 음식이라는 인

블룸버그통신

1981년에 설립된 미국의 경제 뉴스 중심 미디어 그룹이다. 증권, 금융, 외환 분야를 전문으로 시작해서 현재는 정치, 사회, 스포츠 등으로 분야를 넓혔다.

식이 컸던 것이지요. 그렇다 보니 국내 냉동 피자 시장은 2018년 1,000억 원에서 2019년 700억 원대로 크게 줄어들었어요.

하지만 지금은 사정이 많이 달라졌답니다. 음식 가공 기술이 발달하면서 냉동 피자의 맛과 품질을 일정하게 유지할 수 있고, 제품 종류도 다양해졌기 때문이죠. 특히

냉동 음식의 탄생

19세기 말 미국 농무부의 한 직원이 알래스카에서 현지인이 갓 잡은 생선을 바로 얼린 뒤 보관해 요리 재료로 쓰는 모습을 보았다. 이것이 냉동 기계 개발과 함께 발전한 냉동식품의 시작이다.

2020년에 국내 냉동 피자 시장은 다시 성장세로 돌아섰는데, 코로나19로 인해 집 안에 머무는 시간이 늘어난 점도 영향을 미쳤다는 분석이 있어요.

토마토 없는 피자?
파인애플을 얹은 피자!

최초의 피자는 어떤 모습이었을까요? 피자의 기원은 오래전 과거로 거슬러 올라가요. 로마인이나 그리스인은 납작하게 만든 빵에, 지금 우리에게 익숙한 토핑 없이 올리브유나 소금을 올려서 먹었다고 해요. 빵을 납작하게 만들어 먹는 것은 꼭 이탈리아 지역에만 있었던 요리법은 아니에요. 그런데 왜 이탈리아가 피자

의 나라가 됐을까요? 그건 바로 별난 식물, 토마토를 사용했기 때문이에요. "그럼 그전에는 피자에 토마토소스가 없었단 말이야?" 하고 놀라는 사람도 있겠네요. 앞서 말씀드렸습니다. 피자의 원형에는 토핑도 아예 없었어요. 16세기의 나폴리 피자도 마찬가지였고요. 그러다 17세기쯤에 이르러 나폴리 사람들이 처음으로 토마토소스의 형태로 토마토를 빵에 바르고 허브를 뿌려 먹기 시작했어요.

그전까지 토마토를 먹지 않은 이유는 무엇이었을까요? 16세기의 유럽인에게 토마토는 콜럼버스의 아메리카 대륙 발견 이후 남미에서 들어온 미지의 식물이었어요. 처음 접하는, 익숙하지 않은 식물에는 다들 거부 반응이 있기 마련이죠. 토마토를 본 유럽인들은 독이 있다고 생각했고 식용으로 쓰지 않았어요. 처음 유럽에 전해진 토마토가 진한 노란색이라 '황금빛 사과'라는 뜻의 포모도로pomod'oro란 이름이 붙여졌다고 해요. 그러다가 17세기가 되어서야 나폴리 지역에서 토마토를 식자재로 처음 사용했다는 기록이 있어요. 당시에도 토마토를 말리기도 하고 소스로 만들기도 하는 등 다양

콜럼버스의 항해

15세기 말 아메리카 대륙에 유럽인이 도착한 일은 세계사를 뒤흔든 대사건이었다. 이로 인해 유럽과 아메리카 대륙 사이에서는 침략 전쟁뿐 아니라 인구, 음식, 자원, 질병, 동식물의 교환, 문화변동 등 거대한 변화가 일어났다.

16세기에 남미에서 유럽으로 건너온 토마토로 피자의 신세계가 열렸다. 토마토와 바질, 치즈로 만든 마르게리타 피자의 모습.

한 조리법으로 활용했지요.

만약 토마토소스가 없었다면 '마르게리타^{Margherita} 피자'도 탄생하기 어려웠을 거예요. 도우 위에 토마토소스를 바르고 모차렐라 치즈와 바질을 얹는 마르게리타 피자는 나폴리에서 만들어진 대표적인 피자 메뉴예요. 이 피자의 색깔이 이탈리아 국기의 빨간색(토마토), 하얀색(치즈), 초록색(바질)과 똑같지요? 19세기 말 마르게리타 왕비에게 모차렐라, 토마토, 바질을 재료로 피자를 만들어 어떤 요리사가 대접했는데, 왕비가 마음에 들어 해 '마르게리타'란 왕비 이름이 피자 이름이 됐다는 설도 있어요. 물론 이미 더 오래전부터 비슷한 조리법이 있었다는 이유로 이 유래가 틀렸다는 주장도 있습니다.

이렇듯 긴 역사만큼이나 피자를 둘러싼 재미있는 에피소드도 많아요. 자신의 피자 취향을 드러냈다가 시련 아닌 시련을 겪은 대통령도 있어요. 피자 애호가로 유명한 귀드니 요한네손^{G. T. Jóhannesson} 아이슬란드 대통령이 그 주인공이에요. 2017년 파인애플이 토핑으로 올라간 하와이안 피자에 대해 그는 "금지 법안을 만들 수 없어서 못할 뿐, 파인애플 토핑을 금지하고 싶네요"라고 말했다가 파인애플 애호가들의 유머 섞인 항의를 받았지요. 실은 한 고등학교 방문 당시 "피자에 파인애플을 올리는 걸 어떻게 생각하세요?"라는 한 학생의 질문에 대답하는 과정에서 나온 말이에요. 논란이 일자 대통령은 성명을 내고 "파인애플이나 피자가 싫다는 게 아니라, 피자에 올라간 파인애플이 싫다는 것일 뿐입니다"라고 했다는군요. 이 재미난 '파인애플 피자 게이트'는 이렇게 일단락되었어요.

2012년 이탈리아 로마에서는 세계에서 가장 큰 피자가 만들어졌어요. 한 피자 업체가 개최한 행사였는데 피자 지름이 약 40미터에 달했지요. 축구장보다 더 큰 피자를 만들기 위해 대략 밀가루 9.9톤, 물 9,387리터, 토마토소스 5톤, 모차렐라 치즈 4.4톤, 마가린 647킬로그램, 소금 249킬로그램이 들었어요. 요리사 5명이 48시간에 걸쳐 5,000번 이상 반죽을 치대고 구웠다고 해요. 세계에서 가장 긴 피자는 어디서 만들었을까요? 2017년 미국 캘리포니아주 폰타나에서 만들어진 무려 1,930미터가 넘는 피자가 그것인데, 대략 반죽 8,028킬로그램, 토마토소스 2,267킬로그램, 모차렐라 치즈 1,769킬로그램이 들어갔어요. 재료 준비 시간만 40시간, 구워 내는 데만 14시간이 걸렸다지요! 이처럼 피자를 둘러싼 재미난 기록은 무궁무진합니다.

이민 행렬을 따라 세계로 간 피자

파스타와 마찬가지로 많은 이가 사랑한 피자도 1800년대 후반에 이르자 이탈리아의 이민 행렬을 따라 미국으로 건너가게 됩니다. 이탈리아 사람들은 새로운 정착지에서 고국의 조리법으로 작은 식당을 열고 그리운 고향의 맛을 느낄 수 있는 피자를 만들어 먹었지요. 큰 자본 없이 꿈을 품고 신대륙으로 온 이민자들은 저임금 노동을 하는 경우가 많았는데, 간단하고 저렴한 피자가

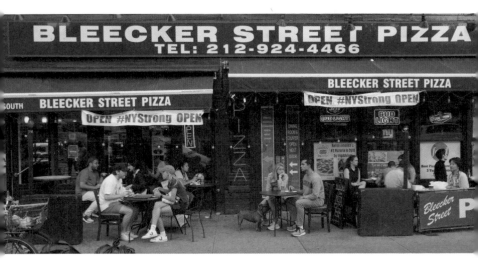

이탈리아 이민자들을 따라 미국으로 간 피자. 미국식 피자는 피자의 세계화를 가져왔다.

끼니를 때우기에 좋았기 때문이에요. 마치 나폴리 주민들이 피자를 처음으로 만들어 먹었을 때처럼요.

　이탈리아의 지역 음식이던 피자가 미국인들에게도 널리 알려지게 된 건 2차 세계대전 당시 이탈리아에 주둔했던 미군이 국내로 귀환하면서부터예요. 그때부터 피자를 즐기는 미국 인구도 점점 늘어났어요. 그러다가 피자 먹는 인구가 본격적으로 확대된 것은 1950년대 말부터입니다. 지금은 글로벌 체인으로 성장한 피자헛Pizza hut이 1958년에 캔자스주에서 처음 문을 열었지요. 오두막을 뜻하는 '헛hut'이라는 이름에서 보듯 이 작은 점포였던 피자헛은 10년 만에 미국 전역에 500개 가까운 점포를 확장할 정도로 큰 인기를 끌었어요. 피자헛 이외의 다른 피자 체인도 여럿 생겨났지요. 이후 한국에 들어온 피자 프랜차이즈는 대부분 미국 체인이라고 보면 되는데, 미국식 피자가 피자의 세계화에 기여한 셈이에요.

반죽하고 구워 낸 피자, 세계화된 음식의 탄생

원조 이탈리아식 피자와 미국식 피자의 차이는 무엇일까요? 피자마다 차이가 있어 일률적으로 말하기 어렵지만 대체로 이탈리아식 피자는 얇은 도우, 생토마토, 생치즈를 사용하고 토핑을 최소한으로 얹어 재료 맛을 살리는 반면, 미국 피자는 크러스트crust가 더 바삭하고 도우는 두툼하며 토핑 역시 푸짐하게 올려요.

지구 반대편에 있는 남미 아르헨티나에는 19세기 말부터

20세기 초에 이민자들이 많이 늘어났어요. 이탈리아를 비롯해 유럽 여러 국가에서 수백만의 사람들이 터전을 옮겨 아르헨티나로 몰려들었지요. 당연히 피자도 함께요. 이탈리아 치즈가 아르헨티나 스타일을 만난 것이 푸가세타Fugazzeta 피자인데, 도우 안을 치즈로 채우고 양파를 얹은 게 특징이에요. 이제는 아르헨티나를 찾는 사람들이라면 꼭 한 번 맛봐야 하는 시그니처 메뉴가 되었어요. 이외에 아르헨티나에서 맛볼 수 있는 밀라네사Milanesa도 소고기에 빵가루를 입혀 튀긴 우리의 돈가스와 비슷한 음식인데, 원래 이탈리아 사람들이 즐겨 먹던 음식이에요. 음식이 어떻게 사람을 따라 이동하고 새로운 풍토와 만나는지 알 수 있지요. 이렇듯 모든 음식은 세계화나 지역화와 맞물려 끊임없이 진화해 왔습니다.

그런데 여기서 또 하나 생각해 볼 문제가 있어요. 미국 피자를 필두로 한 무궁무진한 피자의 변주에 정작 피자의 원조 도시인 나폴리는 고민했던 모양이에요. 2016년 이탈리아 정부는 나폴리 피자가 이탈리아를 상징하는 음식이라며, 나폴리 피자 제조법을 유네스코 세계무형유산에 등재하기 위해 움직이기 시작했어요. 이탈리아의 논리는 "세계화의 영향으로 나폴리 피자의 원형이 망가지고 있으니 보존이 필요하다"라는 것이었죠.

피자는 이탈리아를 상징하지만, 그중에서 특히나 나폴리 지역을 빼놓고 피자를 말할 수는 없다.

나폴리의 정체성을 상징하는 피자이올로 공동체는 약 3,000명의 피자이올로가 지켜 나가고 있다. 다양한 교육과 행사를 통해 전통을 잇는다.

그리고 이듬해 나폴리 피자 제조법은 '피자이올로Pizzaiuolo', 즉 '나폴리 피자를 만드는 사람들'이라는 이름으로 세계무형유산에 등재됩니다. 유네스코 홈페이지는 "나폴리 시민들은 이 전통을 매우 자랑스럽게 여기고 있지만, 오늘날 나폴리 공동체의 전통은 세계화로 인해 위협받고 있으며, 전 세계 곳곳에서 나폴리 피자가 왜곡되거나 변형되어 만들어지고 있다"라고 밝히고 있어요. 실제로 나폴리 피자로 인정받으려면 장작 화덕을 써야 하고, 반죽의 크러스트 두께와 가운데 두께가 각각 2센티미터 이하, 0.3센티미터 이하가 되어야 하며, 형태는 둥글어야 하는 등 엄격한 기준이 있어요.

피자를 둘러싼 이야기를 보면 세계화된 음식에 원형이라는 게 어떤 의미인지 다시금 생각하게 되지요. 앞서 언급한 다채로운 한국 피자를 소개한 블룸버그통신 영상을 다시 떠올려 볼까요? 어떤 이들은 "대체 저 피자의 정체가 뭐냐?"라고 부정적인 댓글을 달았지만, 또 다른 이들은 "토핑 조합이 재미있다"라고 긍정적인 태도를 보였어요.

피자 말고 우리나라의 김치를 예로 들어 생각해 봐도 좋겠어요. 여러분은 만약 김치가 세계적으로 유명해져서 그 원형을 알아볼 수 없을 만큼 다양하게 변형된다면 어떨 것 같나요? 김치의 원조가 한국이 아니라 중국이나 일본이라고 하면 불편해지지만, 김치가 다양한 형태로 세계인의 식탁에 오르는 일은 그리 나쁘지 않다는 생각도 슬쩍 듭니다. 음식은 다양한 지역과 사람들 사이에서 변형되고 진화하면서 또 다른 깊이를 품는 문화 그 자체니까요.

점점 비슷해지는 세계의 식탁

Slow Village Makgeolli
Powder KOREAN
Traditional Organic Rice...
★★★★☆ ~21

The Makgeolli MC Kelly
Korean Traditional Organic
Rice Wine Home Brewing...
8 Ounce (Pack of 1)
★★★★☆ ~21

미국의 온라인 쇼핑몰 사이트 아마존에서는 막걸리 제조 키트를 판다. 한국산 찹쌀, 누룩, 양조효모와 용기까지 갖춘 이 키트를 주문하면 한국의 전통주 막걸리를 미국에서도 맛볼 수 있다. 한국에서도 마찬가지다. 클릭 몇 번으로 인도의 각종 향신료, 미국의 소스, 이탈리아의 파스타 면을 구매할 수 있는 세상이다. 외국에 나가지 않고도 다양한 식자재를 얼마든지 접할 수 있다.

어디 그뿐인가? 이제는 맥도날드, 피자헛 같은 글로벌 푸드 체인도, 스타벅스 같은 글로벌 음료 업체도 전 세계 어디에서나 만나 볼 수 있다. 몇 년 전 스페인의 이베리코 돼지고기가 크게 히트하며 우리의 입맛을 사로잡았다. 노르웨이 연어와 고등어도 식탁에 오른다. 러시아에서는 한국의 한 라면 브랜드가 엄청난 인기를 누린다고 하고, 웬만한 대도시에는 일식 초밥을

맛볼 수 있는 일본 식당이 즐비하다. 어느 나라 마트에 가든 냉동 피자, 닭날개, 닭가슴살이 있다.

이처럼 세계인의 식탁은 점차 비슷해지고 있다. 단순히 다양한 취향을 즐길 수 있다는 뜻만은 아니다. 각국의 식탁 메뉴가 비슷해진다는 것은 곡물, 육류, 채소, 과일 등 우리의 식탁이 글로벌 산업에 휩쓸린 지 오래라는 뜻이다. 국경을 넘나드는 식자재를 재배하고 가공하는 과정에는 생산부터 유통까지 모두 책임지는 수직 계열화된 거대 식품 기업들이 포진해 있다. 글로벌 식품 기업이 대량생산과 자동화, 가공식품으로 식탁을 점령하면서 항생제 남용, 잔류 농약, 화학 첨가제 등의 논란을 일으키기도 한다.

이런 우려를 피해 가는 방법은 유기농 등 안전하고 건강한 지역의 먹거리를 소비하는 것이다. 사실 건강한 먹거리는 돈과 직결된 문제이기도 하다. 가공식품에 비해 유기농 채소로 만든 밀키트meal kit는 비싸고, 좁은 닭장에서 자란 닭이 낳은 달걀보다 넓은 공간에서 방목한 닭이 낳은 달걀이 더 비싸다. 식탁이 점점 계급화되고 있다는 지적은 그래서 나온다. 과연 빈부에 따라 안전한 먹거리에 대한 접근성이 달라지는 것은 정당한 일일까? 우리 세대, 그 이후 세대의 식탁은 과연 어떻게 변할까?

4장

소고기
누구나 꼽는 최고의 단백질

CULTURED
MEAT
Meat produced by in vitro cell culture of animal cells.

NET WT. 1.0 LB (454g)

한국인이 가장 귀하게 여기는 고기는?

명절이나 생일, 가족 모임 등 특별한 날에 밥상에서 빠지면 좀 섭섭한 음식이 있지요. 바로 고기 요리예요. 건강과 환경을 위해 채소만 먹는 사람들도 늘어나고 있지만, 고기 요리는 여전히 많은 사람의 사랑을 받고 있어요. 고기에도 종류가 많아요. 소고기와 돼지고기뿐 아니라 닭고기, 오리고기, 칠면조 고기, 생선 등 다양해요. 지역에 따라 곰, 순록, 캥거루, 말, 사슴 등을 즐겨 먹는 사람들도 있어요.

여러분은 어떤 소고기 요리를 좋아하나요? 소고기 햄버거? 아니면 소고기 스테이크? 소고기를 넣고 보글보글 끓인 미역국, 얇게 저민 소고기에 밀가루와 달걀 물을 입혀 지져 내는 육전도 꿀맛이지요. 최고는 역시 소고기 숯불구이라는 사람도 있겠지요?

오래전부터 우리 선조는 소고기를 별미 요리의 재료로 귀중히 여겼어요. 소에게서 얻은 우유는 왕과 왕족, 소수의 양반만 마실 수 있는 희귀한 음식이었지요. 조선 후기 양반 사이에는 소고기 먹는 모임인 '난로회煖爐會'가 유행했어요. 1781년 겨울에 정조가 밤늦게 일하는 규장각, 승정원, 홍문관의 유생들을 불러 고

소고기 구이와 함께 차려진 한식 밥상이다.

기와 전골 요리를 함께 즐기는 난로회를 열었다는 기록도 있답니다.

여유가 없는 일반 서민은 고기보다는 소 내장 등을 이용해 국이나 탕을 끓여 먹는 경우가 많았지요. 대표적인 것이 바로 설렁탕이에요. 여러 가지 설이 있는데, 그중 임금이 선농단先農壇에서 풍작 기원 제사를 지낼 때 많은 사람이 먹을 수 있도록 국밥으로 제공했던 것이 선농탕, 즉 설렁탕이었다는 주장도 있어요. 하지만 『조선왕조실록』에 선농탕 또는 설렁탕이 언급되어 있지 않다는 점을 고려한다면 사실이 아닐 가능성이 커요. 한 가지 분명한 사실은, 뜨끈한 국물로 속을 채워 주는 설렁탕이 지금도 우리나라 사람들에게 사랑받는다는 점이지요.

한우는 대체 무엇을 기준으로 구분할까?

전 세계에서 고기를 가장 많이 먹는 국민은 누구일까요? 바로 중국 국민이에요. 중국은 세계에서 인구가 가장 많으니까 당연히 고기 소비량도 가장 많아요. 1인당 소비량을 볼까요? 유엔식량농업기구에 따르면, 중국인 1명이 1년 동안 먹는 육류는 61.8킬로그램(2019년 기준)이나 됩니다. 세계 평균은 43킬로그램이에요. 중국인이 가장 많이 먹는 고기는 돼지고기로, 돼지고기 가격이 오르면 중국 물가 전체가 들썩거릴 정도로 중국인의 돼지고기 사랑은 유명해요.

그런데 최근 들어 중국인의 돼지고기 소비량이 점점 줄어들고 있다고 해요. 2018~2019년 중국 전역에서 아프리카돼지열병ASFV이 대유행해 돼지가 도살당한 영향도 있지만, 중국인의 입맛이 다양해지면서 돼지 이외의 다른 고기, 특히 소고기를 많이 먹게 된 게 그 이유로 꼽혀요. 미국 농무부 자료에 따르면, 중국인은 1년 동안 총 85억 킬로그램(2018년 기준)의 소고기를 먹어 125억 킬로그램의 소고기를 먹는 미국인에 뒤이어 세계 2위를 차지했습니다. 같은 해 기준으로 한국인은 총 8억 3,000만 킬로그램의 소고기를 먹었어요. 한국농촌경제연구원KREI에 따르면, 지난 20년간 우리나라의 1인당 육류 소비량은 31.9킬로그램에서 54.6킬로그램으로 연간 2.9퍼센트 정도 꾸준히 증가했어요.

소고기 생산량 1위 국가는 미국으로, 전 세계 생산량의 20퍼센트를 차지해요. 우리나라에서 가장 많이 수입되는 소고기 역시 미국산이에요. 지난 2008년 한미자유무역협정FTA 체결로 미국산 소고기의 한국 수입이 전면적으로 허용됐을 당시 광우병 우려로 대대적인 반대 시위가 벌어졌지만, 이후 미국산 소고기에 대한 인식이 꾸준히 개선되면서 소비가 크게 늘어났어요.

광우병

4~5세 소에게 발생하는 전염성 뇌 질환으로, 뇌에 구멍이 생겨 정신이상과 거동 불안 등의 행동을 보이다가 죽는다.

미국이나 호주 등에서 수입한 소고기 소비량이 늘고 있지만, 한국인이 가장 좋아하는 소고기는 역시 한우지요. 그런데 한우는 과연 어떤 소를 말할까요? 한국에서 키운 소는 다 한우일까요? 한우라고 부르는 기준은 무엇일까요?

농림축산식품부에 따르면, 한우는 외래 품종과의 혼혈 없이 사육된 우리나라 고유의 소를 말해요. 토종 한우는 털빛에 따라 황소, 칡소, 흑소로 나누어요. 황소는 털 색깔이 누런 소로, 가장 흔하지요. 칡소는 칡덩굴같이 짙은 갈색과 검은색 무늬를 가진 소를 말해요. 예전에는 얼룩소로도 불렸는데, "엄마 소도 얼룩소 엄마 닮았네"란 동요에 등장하는 소가 바로 칡소랍니다. 검은색의 흑소는 제주 토종소로, 임금의 생일상이나 나라 제사상에 오를 정도로 귀한 대접을 받았어요. 몸집이 작아 고기 양이 적다는 이유로 사라질 위기에 처했지만, 2004년 유엔식량농업기구에 한우의 한 품종으로 등재되었고, 국내 전문가들이 지속적으로 노력한 덕에 명맥을 유지하고 있지요.

초지로 방목되는 한우 시험장의 소들. 최근 들어 건강한 먹거리와 동물복지에 대한 관심이 더욱 커지고 있다.

국내산 소고기는 품종에 상관없이 한국에서 태어나 자란 소의 고기이거나, 살아 있는 상태로 우리나라에 들어와 6개월 이상 자란 소의 고기를 말해요. 그러니까 한우는 국내산 소고기지만, 국내산 소고기가 꼭 한우는 아니라는 이야기예요.

그러면 식당 메뉴판에서 볼 수 있는 국내산 육우란 무엇일까요? 국내산 육우란 우리나라 법률상 한우고기와 젖소고기를 제외한 모든 소고기를 의미해요. 대부분 고기 생산을 주목적으로 사육된 외래종 홀스타인 수소를 말하지요. 홀스타인 소가 수송아지를 낳으면 한우처럼 전문적인 사육법으로 키워져 고기소(육우)가 되고, 암송아지를 낳으면 키워서 우유를 생산하는 젖소가 되는 거예요. 네덜란드가 원산지인 홀스타인은 전 세계에서 가장 많이 키우는 젖소와 육우 품종이랍니다. 토종 한우는 아니지만, 우리 땅에서 태어나 우리 농가가 키운 소인 것이죠. 한우보다 성장이 빠르고 고기에 지방이 적어 담백한 맛이 나며, 한우보다 가격이 저렴하다는 장점이 있어요.

소고기에도 등급이 있어요. 농림축산식품부는 소고기 유통·판매 시에 가격 및 품질의 주요 지표가 되는 소고기 등급 기준을 정해 시행하고 있습니다. 투플러스(++)란 말을 들어본 적 있나요? 우리나라의 소고기 육질 등급은 지방도, 색깔, 조직감, 성숙도에

따라 1++, 1+, 1, 2, 3, D(등외)로 구분되는
데, 모든 국내산 소고기의 등급 판정은 한우,
육우, 젖소에 동일하게 적용돼요. 우리나라 사
람들은 유독 마블링, 즉 지방이 대리석 무늬처
럼 소의 근육 사이에 고르게 퍼져 있는 소고
기를 좋아해요. 그래서 질 낮은 고기에 주사로
지방을 주입한 '가짜 마블링' 소고기를 판 업
자들이 발각되어 사회적으로 큰 충격을 준 사
건도 있었어요.

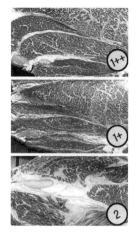

"1등급 소고기만 사용합니다",
"투플러스만 냅니다" 등의 선전
문구에서 접하는 소고기 등급이
다. 차례로 1등급 투플러스, 1등
급 플러스, 2등급 소고기 순이다.

대체육과 배양육의
필요와 탄생

　최근 채식주의자 vegetarian를 뜻하는 비건 vegan이 트렌드가 되면
서 이른바 '대체육代替肉, meat alternative' 개발 움직임도 빨라지고 있
어요. 특히 대체육은 최근 들어 미래의 먹거리로 주목받고 있어
요. 무엇보다 생태계 파괴와 지구온난화에 대한 비판, 채식주의
자의 증가 등에 따라 향후 급성장할 것으로 전망되기 때문이에
요. 대체육은 고기 맛이 나지만, 동물에게서 얻은 고기는 아닙니

다. 식물에서 추출한 단백질로 만든 식물성 고기가 대표적이지요.

대체육에 대한 세계의 관심이 높아지는 이유는 뭘까요? 무엇보다 건강 때문이에요. 동물성 지방을 먹음으로써 생길 수 있는 고혈압, 심장병 등 여러 질병을 피하기 위해서에요. 두 번째는 환경과 동물복지, 식품 안전 때문이고요. 고기를 생산하기 위해서는 막대한 곡물 사료가 필요한 데다 사육 과정에서 많은 양의 이산화탄소가 발생해요. 비인도적인 동물 도살을 반대하는 운동도 대체육 바람에 영향을 미치고 있어요. 세 번째로는 인구 증가로 인해 더 많은 식량이 필요해지는 상황에 대응하기 위해서 대체육을 개발해야 한다는 주장이 있어요. 세계 대체육 식품 시장 규모는 2019년부터 연평균 9.5퍼센트씩 성장해 2025년쯤에는 약 21조 원에 달할 것으로 예상해요.

현재 시장에 출시된 대체육 제품 대부분은 식물성 고기예요. 콩으로 만든 고기가 선보인 지는 꽤 오래됐지만, 그중 대표적인 제품으로는 비욘드 미트Beyond Meat의 생산품을 꼽을 수 있어요. 2009년 미국의 동물보호운동가 이선 브라운Ethan Brown이 설립한 식물성 대체육 브랜드이자 제품의 이름이에요. 비욘드 미트는 콩, 버섯, 호박 등에서 추출한 식물성 단백질을 천연 효모, 섬유질과 배양해 고기 특유의 식감과 풍미를, 코코넛 오일과 비트로 촉촉

식물성 고기가 있는 비건의 식탁.

한 육즙의 느낌을 만들어 냈어요. 기존 콩고기의 경우 콩을 갈아 글루텐으로 굳히는 방식으로 만들어져 맛과 식감이 실제 고기와 차이가 있었지만, 비욘드 미트는 이를 개선해 실제 고기를 먹는 듯한 맛과 식감을 내며 크게 주목받았어요.

　　비욘드 미트는 마이크로소프트^{MS} 창업

비건

동물성 고기를 비롯해 조류, 해산물, 우유, 유제품, 알 종류 등 모든 동물성 단백질을 섭취하지 않고 채식만 하는 사람을 말한다. 이들은 모피와 가죽 제품도 거부한다.

자 빌 게이츠와 배우 리어나도 디캐프리오 등 유명인의 투자를 받아 화제가 되기도 했습니다. 미국의 또 다른 대체육 회사 임파서블 푸즈Impossible Foods도 게이츠뿐만 아니라 테니스 선수 세리나 윌리엄스 등 많은 유명인의 투자를 받았어요. 이외에도 스위스 식품 회사 네슬레가 식물성 단백질 브랜드 스위트 어스Sweet Earth를 통해 식물성 패티 햄버거인 어썸 버거Awesome Burger를 내놓았지요. 세계적인 패스트푸드 체인들도 식물성 고기 햄버거 제품을 선보이고 있어요. 이제 한국 회사들도 식물성 고기로 만든 떡갈비, 너비아니, 식물성 치즈 등 다양한 제품을 적극적으로 내놓고 있습니다.

배양육培養肉, cultured meat도 등장했어요. 배양육이란 살아 있는 동물의 줄기세포를 채취하고 배양해서 만들어 내는 고기를 말해요. 소, 돼지, 닭 등 가축의 줄기세포를 키워서 살코기를 만들고, 염색과 지방 주입 과정을 거쳐 완성해요. 2020년 12월, 세계 최초로 배양육이 싱가포르 정부의 식품 승인을 받았어요. 미국 실리콘밸리의 배양육 개발 기업 잇 저스트Eat Just, 그리고 싱가포르 현지

배양육의 식품 승인

배양육 대중화의 최대 걸림돌은 안전성으로, 제조 과정에서 행해지는 각종 기술이 건강에 아무 문제가 없는지가 입증되어야 한다. 또한 법적 기준이 미비하다는 문제점도 있다. 싱가포르 정부가 배양 닭고기 승인 기준을 마련하는 데 2년이나 걸린 것도 이 때문이다.

기업 시오크 미츠^{Shiok Meats}에 정부가 배양육 닭고기의 생산과 판매를 허가한 것이지요.

배양육을 처음 개발한 사람은 네덜란드 과학자 마크 포스트^{Mark Post}였습니다. 2011년부터 마스트리흐트대학교 교수인 포스트는 실험실에서 고기를 만드는 배양육 연구를 본격적으로 시작했어요. 이 연구에 구글^{Google}의 공동 설립자 세르게이 브린^{Sergey Brin}이 투자했지요. 2013년 8월에 포스트 교수는 영국 런던에서 기자회견을 열어 세계 최초로 배양육 햄버거를 선보였어요. 과연 맛은 어땠을까요? 당시 햄버거를 시식한 오스트리아의 한 영양학자에 따르면, 고기와 비슷한 맛이 나지만 육즙이 없어 아쉬웠다고 합니다. 2015년부터 포스트 교수는 식품 개발 전문가 페터 베르스트라테^{Peter Verstrate}와 함께 모사 미트^{Mosa Meat}를 창업해 배양육 제품 출시 연구를 계속하고 있어요. 그의 의견에 따르면, 미래에는 사람들이 자기가 먹을 고기를 7~9주 안에 직접 배양할 수 있습니다.

비욘드 미트와 임파서블 푸즈에 투자한 게이츠는 미국의 배양육 스타트업 멤피

> **미트포올 프로젝트**
>
> 유럽연합이 처음으로 공적 자금을 투입해 추진한 배양육 연구 프로젝트다. 배양육 생산을 늘리고 기술을 개발하는 것이 목적이다. 유럽연합은 2050년까지 유럽을 온실가스 제로로 만들려고 노력 중이다. 배양육이 축산업에서 발생하는 온실가스를 줄이는 데 기여할 것으로 기대한다.

건강과 환경을 지켜 주는 대안으로 새롭게 떠오르는 대체육과 배양육 시장.

스 미트 Memphis Meat에도 투자하며 대체육에 대해 대단한 관심을 보였습니다. 이밖에 이스라엘에는 정부가 지원하는 슈퍼 미트 Super Meat, 스페인에는 바이오테크 푸즈 BioTech Foods가 이끄는 미트 포올 Meat4All 프로젝트가 있어요. 2020년 미트포올 프로젝트는 유럽연합의 연구 개발 자금을 지원하는 호라이즌 2020 Horizon 2020 위원회로부터 270만 유로의 자금을 출자받아 화제가 되기도 했습니다.

소가 저지르는 환경 파괴, 트림과 방귀가 원인?

지금 전 세계에는 과연 몇 마리의 소가 사육되고 있을까요? 2020년 미국 농무부 통계에 따르면, 야생 소를 제외하고 약 9억 8,000만 마리(2019년 기준)가 사육되는데 인도에만 약 3억 마리, 브라질에 2억 4,000만 마리, 미국에 9,400만 마리가 있어요. 또 매일 평균 80만 마리가 도축되고 있지요. 어마어마한 숫자가 아닌가요?

그런데 이처럼 엄청난 수의 소가 방귀와 트림으로 환경오염을 일으킨다는 주장이 있어요. 2020년 유엔 기후변화에 관한 정부 간 협의체IPCC에 따르면, 세계 온실가스 배출량의 10퍼센트 이상을 농업이, 40퍼센트를 가축이 내뿜는 메탄가스 때문에 축산업이 차지한다는 거지요. 메탄가스는 기후변화를 일으키는 중요 원인 물질 중 하나로 꼽히는데, 이산화탄소보다 기후변화에 미치는 나쁜 영향이 23배나 크다고 해요.

소와 양 같은 반추동물은 먹이를 소화할 때 생기는 메탄가스의 90퍼센트 이상을 트림으로 배출해요. 나머지 10퍼센트는 방귀로 배출하고요. 반추동물 1마리가 하루에 배출하는 메탄가스 양은 250~500리터 정도예요. 야생 소를 제외하고 전 세계 농장에서 키워지는 소만 9억 8,000만 마리라니, 이들이 내뿜는 메탄가스의 양이 얼마나 될지 상상해 보세요.

이에 더해 환경운동가들은 대대적으로 소와 돼지, 닭 등을 키우는 공장식 축산업이 문제라고 지적해요. 지구상의 토지 면적 중 4분의 1 이상이 가축 사료를 생산하기 위해 사용되는데, 고기 1킬로그램을 생산하기 위해 그보다 몇 배 무게에 해당하는 곡물 사료를 쓰는 현실이 합리적이지 않다는 분석이죠.

식탁 위에 오르는 소고기는 맛있을 뿐만 아니라 우리 몸에 꼭 필요한 단백질을 공급해 주는 중요한 식품입니다. 세계 각국은 더욱 품질 좋은 소고기를 생산하기 위해 커다란 노력을 기울이고 있어요. 반면에 건강을 위해서, 또는 동물과 지구환경을 보호하기 위해 소고기 등 동물성 단백질을 멀리하는 사람들 또한 늘어나고 있지요.

2021년 현재 지구상에는 약 78억 명이 살고 있어요. 그중 상당수는 단백질을 충분히 섭취하지 못하고 있습니다. 2019년에 국제 인도주의 단체 컨선 월드와이드Concern Worldwide가 발표한 「2019 세계기아지수: 기후변화와 기아 위험」 보고서에 따르면, 세계의 기아는 지금도 사라지지 않고 굶주림에 시달리는 사람은 8억 명이 훌쩍 넘어요. 가장 큰 원인으로는 전쟁과 기후변화가 꼽히지요. 우리는 지구환경을 보존하면서도 세계적인 기아 문제를 해결할 수 있을까요? 모든 사람이 걱정 없이 음식을 먹을 수 있고, 동시에 환경도 지키는 세상을 만들기 위한 노력은 계속되어야 하겠습니다.

전쟁이 낳은 음식

전쟁의 승리에는 필수적인 조건이 있다. 군사작전에 필요한 인원과 물자를 관리하고 보급하는 일이다. 그중 필수적인 것이 전투식량 보급이다. 역사적으로는 감자, 쌀, 밀이 주재료였다. 서양의 콘비프corned beef 역시 대표적인 전투식량, 즉 전쟁이 낳은 식품 중의 하나다. '콘corn'은 영어로 옥수수를 뜻한다. 그런데 콘비프는 옥수수와 아무 관련 없는 음식으로, '소금에 절인 소고기'를 말한다. 소고기를 절일 때 쓰는 소금 알갱이가 옥수수 등 곡식의 작은 씨앗처럼 생겨서 붙은 이름이다.

아일랜드에서 생겨난 콘비프는 영국으로 건너가 인기를 누렸다. 냉장고가 없던 시절에 소금에 절여 수분이 빠져나간 콘비프는 장기간 보관해도 잘 상하지 않았기 때문이다. 특히 먼바다로 나가 몇 개월씩 항해할 때 콘비프 같은 저장식품은 아주 요긴했다. 18세기 중반 영국은 산업혁명기에 콘비프

생산 체제를 갖춰 대중화했다. 19세기 초 나폴레옹이 이끄는 프랑스 군대와 전쟁을 벌였을 때는 병사들에게 콘비프와 딱딱한 빵을 휴대용 식량으로 지급했다고 한다. 아일랜드 이민자들이 많이 건너간 미국에서도 콘비프는 인기 있는 음식이었다. 1·2차 세계대전 당시에도 캔으로 된 콘비프 제품이 배급 물자로 활발히 이용되었다. 대부분 콘비프의 소금기를 뺀 뒤 양배추를 함께 넣어 익혀 먹었다. 군인들에게 배급 음식인 콘비프는 대표적인 먹거리였다.

1945년 독일과 일본이 패하며 2차 세계대전이 종식되었다. 그 후 일본에는 미군정 체제가 들어섰고, 이 시기에 일본에서도 콘비프 제품이 생산되기 시작했다. 미군이 준 콘비프를 먹어 본 일본인들이 자체적으로 만들어 팔게 된 것이다. 우리나라에는 한국전쟁에 참전한 미군 등 미국과 일본을 통해 콘비프가 들어왔으며, 1980년대에 국내에서 생산된 적도 있다.

콘비프와 비슷한 생김새인 스팸Spam은 '양념한 햄Spiced Ham'의 줄임말로, 돼지고기가 주재료인 육가공품이다. 이것 역시 2차 세계대전 때 큰 인기를 누렸다.

5장

라면, 국수, 짜장면

어디에나 있는 영원한 음식, 누들

한국인의 벗, 보글보글 끓인 라면

　책을 읽다 보니 슬슬 배가 고프네요. 집에는 밥도 없고, 배달 음식도 마땅치 않아요. 이럴 때 남아 있는 마지막 보루는 뭘까요? 바로 라면! 보글보글 끓는 라면에 김치를 척 얹어 먹으면 산해진미가 따로 없습니다.

　2020년 기준으로 한국 라면 시장 규모는 1조 5,000억 원을 훌쩍 넘었습니다. 코로나19로 인해 외식보다는 간편식 인기가 좋았기에 시장 규모가 전년에 비해 커졌지요. 다양한 배달 음식이 쏟아져 나온 상황 속에서도 라면의 인기가 여전히 건재하다는 사실을 알 수 있어요. 참! 2020년에 아카데미 작품상을 받은 영화 〈기생충〉의 인기에 힘입어 '짜파구리'의 인기도 국내외에서 상당합니다.

　한국인에게 라면은 곧 인스턴트 라면이지요. 기름에 튀기고 건조한 면에 스프와 건더기를 함께 포장한 형태로, 부피도 작은 데다 물에 넣고 몇 분 끓이기만 하면 되는 간단한 조리법 덕분에 인기가 높아요. 최근엔 해외 슈퍼마켓에서도 한국 라면이 인기 상승 중이랍니다.

처음 라면이 대중에게 선보인 것은 언제였을까요? 1960년대입니다. 삼양식품이 정부 지원을 받아 일본 기업으로부터 라면 기계를 들여오면서 라면을 만들어 팔기 시작했죠. 곧 일본의 인스턴트 라면 기술이 한국으로 전해졌다는 뜻인데, 사실 일본의 경우엔 인스턴트 라면 이전에 '라멘ramen'이라고 불리는 면 음식이 있었어요. 손으로 직접 치대어 만든 수타면에 오래 우려낸 육수를 부어 먹던 중국 음식이 일본으로 넘어와 라멘이 되었고, 그 후 면을 만들고 육수를 내는 방법이 일본 고유의 것으로 진화했어요. 중일전쟁 당시 중국군이 말린 면을 휴대한 데서 착안해 라멘을 인스턴트 제품으로 만들었다는 주장이 있지만, 현재의 면과 스프의 형태를 고안한 사람은 닛산식품의 안도 모모후쿠安藤百福예요. 닭 육수 맛을 내는 치킨 스프를 담아 치킨 라면을 만들었는데 그게 크게 히트를 친 것이지요.

삼양라면이 만들어진 당시 라면 한 봉지 값은 10원, 무게는 100그램 정도였어요. 가격도 그다지 싸지 않고 낯선 음식에 대한 저항도 큰 탓에 처음에는 별 인기가 없었다고 해요. 하지만 곧 라면의 인기는 치솟아 오르기 시작했어요. 당시만 해도 쌀 생산

초창기의 삼양라면.

이 부족해 정부가 밀가루 음식을 섞어 먹는 혼분식을 장려하기도 했고, 스프 맛이 한국인의 입맛에 잘 맞았던 거지요.

그래서일까요? 1인당 라면 소비량이 가장 많은 국가가 바로 한국이에요. 세계라면협회World Instant Noodles Association에서는 인스턴트 라면을 기준으로 전 세계 라면 소비량 통계를 내요. 2020년 기준으로 전 세계에서 1,160억 6,000만 개의 라면이 팔렸어요. 산술적으로만 보자면 매일 3억 2,000여 그릇을 소비한 셈이죠. 1년 동안 세계의 모든 사람이 라면 15개씩을 먹은 것인데, 그중 한국인의 1인당 라면 소비량은 79.7개로 가장 많아요. 2위 베트남

> **혼분식 장려 정책**
>
> 한국인의 주식은 쌀이었지만, 1970년대까지 쌀 생산량의 부족으로 쌀밥을 풍족히 먹는 사람은 적었다. 쌀 부족 문제 해결을 위해 국가가 나서 혼식과 분식을 강제하는 정책을 시행했다. 이후 한국인의 주식은 쌀과 밀로 바뀌고, 라면과 빵 등 서구화된 음식문화가 형성되는 계기가 되었다.

(72.2개), 3위 네팔(53.3개)에 비해서도 많이 앞서지요.

외식의 대명사,
비벼서 먹는 짜장면

한국인과는 떼려야 뗄 수 없는 또 하나의 면 요리가 있어요. 바로 짜장면입니다. 누군가에겐 어린 시절 추억의 한 페이지를 차지하는 음식이고, 또 어떤 이에겐 간편하지만 포만감 가득한 한 끼를 선사하는 음식이지요. 짜장면의 역사는 인천항이 개항하던 19세기 말로 거슬러 올라가요. 인천항이 열리자 '쿨리苦力'라고 불리는 중국인 노동자들이 한국으로 들어옵니다. 훗날 화교로 정착한 이들은 고된 노동을 하다가 간단하고 저렴하게 먹을 수 있는 음식을 만들었어요. 한국과 가까운 산둥 지방에서 삶은 면 위에 중국식 된장과 채소를 볶아 얹은 음식인 작장면炸醬麵, 자장미엔이 그것이죠. 그러다 1907년에 인천에 최초의 짜장면집 공화춘이 문을 열어요.

하지만 짜장면은 화교의 음식으로만 그

> **인천의 차이나타운**
>
> 19세기 말 인천항이 개항되고 이곳을 중심으로 중국인이 늘어나 상권이 형성됐다. 이후 화교가 이 지역에 거주하면서 차이나타운으로 불렸다. 꾸준히 중화요리점이 과거의 명맥을 이어 와 지금은 유명한 관광지가 되었다.

인천 차이나타운에 있는 최초의 짜장면집 공화춘.

치지는 않았어요. 한국인의 입맛에 맞게 춘장에 단맛을 첨가하면서 짜장면의 인기는 올라갔고, '외식 하면 짜장면'이라고 통할 만큼 전국적으로 인기를 끌게 됩니다. 이런 오래된 역사 덕에 짜장면 가격이 어떻게 변동되는지를 보면 국내 물가 변동을 한눈에 볼 수 있어요. 1960년대에 15원이었던 짜장면은 1970년대에 200원, 1980년대에 800원, 1990년대에 1,300원, 2000년대에 3,000원으로 올라 지금은 4,000~5,000원 정도의 가격이 되었어요.

누들로 잇는 세계, 국수 없는 나라는 없다

국수, 누들, 라멘, 파스타……. 모두 세계의 다양한 면 요리를 부르는 이름이지요. 통칭해서 국수로 부를게요. 과연 국수의 시초는 어디일까요? 일단 국수를 만드는 데 가장 많이 쓰이는 밀은 메소포타미아 지역에서 재배되기 시작했어요. 고대 이집트 벽화 속에도 밀을 이용해 빵을 만드는 사람들의 모습이 보이죠. 이렇게 처음에 밀은 국수가 아닌 빵의 재료였어요.

이 재료가 실크로드를 따라 중앙아시아, 중국 등으로 전파됐고, 중국에서 시작된 것으로 알려진 면을 만드는 기술과 만나 비로소 국수가 탄생했어요. 그래서 실크로드를 '누들로드noodle road'라고 부르기도 해요. 밀이 중원中原으로만 향한 것은 아니에요. 지금의 중동 지역으로, 이탈리아 지역으로도 퍼져 나갔어요.

전 세계에 국수가 있다지만 모두 같은 음식은 아니에요. 음식은 문화와 밀접한 관련이 있으니, 밀가루로 만든 면이라는 형태가 세계 곳곳으로 퍼져 나갔어도 그 지역의 기후, 식자재, 식습관 등이 버무려지면서 요리는 다양하게 진화했습니다.

먼저 중국의 면 요리를 볼게요. 국토가 넓은 중국에는 그만큼

면 요리 종류도 많아요. 기본은 육수를 내어 면을 끓여 먹는 탕 요리지만, 면 모양과 형태, 질감이 다양하고 면을 만드는 방식도 여러 가지예요. 반죽을 길게 만들어 감았다 당겼다를 반복해서 만드는 소면, 반죽을 납작하게 밀고 칼로 썰어 내는 절면, 눌러서 뽑아내는 압면 등이 있어요. 쓰촨 지역의 탄탄면은 맵고 얼얼한 국물에 쫄깃한 질감의 면을 넣었고, 산시 지방에서는 칼로 자른 면을 사용하는 도삭면이 유명해요.

동남아시아에서도 면 요리가 발달했습니다. 하지만 밀보다는 이 지역에서 쉽게 얻을 수 있는 쌀로 면을 만들어요. 베트남의 '포', 즉 쌀국수는 소고기나 닭고기 육수에 쌀로 만든 면을 넣고 숙주, 양파에 소스를 곁들여 먹어요. 고대로부터 내려온 전통 음식이라기보다 비교적 근래인 프랑스 식민지 시기에 유명해진 음식이지만 인기는 대단합니다. 한국에서도 베트남 음식이라면 바로 '쌀국수'가 떠오를 정도로 포는 전 세계로 퍼져 나간 음식이에요. 태국에서도 포 조리법과 비슷한 쌀국수 요리를 먹는데, 아무래도 전 세계적으로 잘 알려진 태국의 면

> **프랑스의 인도차이나반도 식민 지배**
>
> 19세기 이후 베트남을 포함한 동남아시아 국가는 유럽의 식민지가 됐다. 인도차이나반도의 베트남, 라오스, 캄보디아는 프랑스의 지배를 받았다. 잘 알려진 반미(바게트에 채소를 넣은 샌드위치) 등 대표적 베트남 음식은 이 시기에 프랑스의 영향을 받아 생겨난 것이다.

은 탕보다는 볶은 국수예요. 새우, 부추, 숙주, 달걀 등과 '셴'이라는 면을 볶아 넣은 팟타이가 대표적인 요리지요.

중국의 영향을 받은 한국과 일본에서도 면 요리가 생겨났어요. 역시 지역에서 나는 재료를 주로 활용했는데 메밀이나 전분 등으로 만든 국수가 많아요. 동치미나 고기 육수를 넣고 만든 냉면이 떠오르나요? 일본에서는 소바(메밀국수)와 우동이 유명해요. 재료와 먹는 법은 달라도 소바와 우동도 면의 질감을 느끼며 먹는 게 중요한 음식이라는 점에서 냉면과 비슷한 부분이 있어요.

그럼 중동을 거쳐 유럽 대륙으로 건너간 면 요리는 어떨까요? 서양의 면 요리는 파스타로 압축되지요. 사실 파스타라고 하면 밀가루 반죽을 잘라 만든 모든 면을 통칭하는데, 흔히 알고 있는 스파게티같이 기다란 면도 있지만, 펜네, 마카로니, 푸실리처럼 짧은 면도 있고 라자냐같이 밀가루 반죽을 넓적하고 큰 조각으로 자른 것도 파스타의 일종이에요. 그뿐만 아니라 라비올리처럼 고기로 속을 채운 만두 같은 형태도 파스타라고 부르죠.

파스타라는 이름이 생겨나기 전부터 이탈리아인은 같은 형태의 면 음식을 만들어 먹었어요. 현재와 비슷한 형태의 파스타는 12세기 초에 시칠리아섬에서 만들기 시작한 것으로 추정해요. 파스타 면은 반죽을 바로 뽑아 생면으로 즐길 수도 있고, 면을 건

세계의 다양한 국수들.

조해 건면을 즐길 수도 있어요. 건면은 이동과 보관이 쉽지만, 라비올리같이 속을 채운 경우는 건면을 만들기 어렵겠지요. 여러 기록을 보면 처음에 파스타는 저렴하고 손으로 먹는 거리의 음식, 서민의 음식이었어요. 또 발코니나 지붕 위에 가정에서 뽑아낸 스파게티 면을 빨래 널듯 널어서 말리는 모습도 볼 수 있었어요.

이후 수작업이 아니라 파스타를 대량생산하는 기계도 만들어졌습니다. 17세기가 되면 파스타는 유럽 전역으로 퍼져 나가요. 유럽연합 통계를 보면, 2016년에 28개 회원국에서 생산된 파스타는 약 530톤에 달해요. 유럽연합 인구 1명당 거의 10.5킬로그램의 파스타를 소비한 셈이죠. 가장 많이 파스타를 생산한 나라는 어디일까요? 파스타의 원조, 이탈리아예요. 이탈리아가 만들어 낸 파스타는 유럽 파스타 생산량의 3분의 2가량을 차지했는데, 이 중 절반을 국내에서 소비하고 절반은 수출했어요.

유럽연합 내에서 생산된 파스타를 가장 많이 수입한 유럽 외국가는 미국입니다. 미국에서도 파스타를 엄청나게 소비한다는 의미지요. 미국은 소비뿐 아니라 파스타 생산 역시 이탈리아에 이어 세계 2위에 오르기도 했어요. 파스타가 미국으로 건너간 때는 19세기 말로, 이민자들을 통해서였어요. 미국에서는 토마토소스에 고기를 갈아 넣은 라구 소스와 파스타가 인기를 끌었습니다.

국수는 다채로운
사연을 싣고

종류가 다양한 국수에는 깃든 사연도 여러 가지예요. 냉면은 메밀, 감자, 고구마 가루로 만든 국수를 삶고 찬 육수를 부어 먹는 대표적인 북한 음식이에요. 냉면은 수십 년 분단의 상징과도 같은 음식입니다. 남한에도 냉면이 있다지만 본고장에서는 맛볼 수 없기 때문이에요.

이 냉면이 남북 화합의 상징으로 떠오른 적이 있어요. 바로 2018년 판문점에서 열린 문재인 대통령과 김정은 북한 국무위원장의 남북정상회담 만찬에 평양냉면이 올랐을 때예요. 판문점은 민족의 비극인 한국전쟁의 정전협정이 진행된 곳입니다. 남북의 비무장지대^{DMZ} 군사분계선 위에 공동경비구역^{JSA}이 걸쳐져 있는 대립의 공간이죠. 그런데 바로 이곳에서 남북정상회담이 열렸고, 북한의 유명한 냉면집 옥류관의 수석 요리사가 통일각에서 냉면을 요리합니다. 실제 옥류관에서 사용하는 제면기도 동원됐고요. 물론 김대중, 노무현 전 대통령도 평양 방문에서 옥류관 냉면을 먹었다고 하는데, 냉면 만드는 기계가 판문점에 등장한 것은 이번이 처음이었어요.

정전협정

남북한 군사 정전에 관한 협정을 말한다. 1950년에 발발한 한국전쟁을 멈추게 한 휴전협정으로, 1953년 7월에 체결됐다. 유엔군 총사령관, 조선인민군 최고사령관, 중국인민지원군 사령관이 서명했고, 이로써 한반도 내의 모든 무력 행위를 중지한다는 약속이었다.

만찬 전에 두 정상이 만났을 때도 평양냉면이 대화 주제로 올랐습니다. 김정은 위원장이 "어렵사리 평양에서부터 평양냉면을 가지고 왔습니다"라고 이야기를 꺼낸 뒤, "멀리서 온…, 아, 멀다고 하면 안 되갔구나"라고 말하면서 참석자들 사이에 웃음꽃이 피었고, 이게 큰 화제가 되었지요.

사실 평양에서 판문점까지는 차로 2시간 거리밖에 되지 않아요. 하지만 실제 냉면이 도달하기까지 70년이 넘게 걸렸습니다. '멀지만 멀지 않은' 남북 간의 사이를 잘 나타낸 음식이 바로 냉면이라고 할 수 있어요.

한편 스파게티가 엉뚱한 데로 가서 고유명사가 된 사례도 있어요. 바로 '스파게티 웨스턴 Spaghetti Western'입니다. '웨스턴'은 서부극을 뜻하는데 1920년대부터 1960년대까지 미국에서 인기를 끈 영화 장르인 서부극은 미국 서부 개척시대를 배경으로 한 시대극이에요. 영웅인 주인공이 악당과 한바탕 결투를 벌이다 끝끝내 이긴다는 권선징악적 내용이 큰 틀을 이루지요.

그런데 왜 서부극 영화에 이탈리아 음식 '스파게티'란 명칭이 붙었을까요? 할리우드의 기존 틀을 뒤엎은 새로운 서부극이

평화와 화해의 상징이 된 남북정상회담의 평양냉면(위)과 지역마다 특색이 다른 물냉면과 비빔냉면(아래).

새로운 서부극인 '스파게티 웨스턴' 영화의 한 장면.

이탈리아와 스페인에서 제작됐기 때문입니다. 무명 배우를 쓰고, 미국 서부가 아니라 스페인의 황무지에 가서 촬영한 이 장르를 사람들은 처음엔 비웃었어요. '스파게티 웨스턴' 또는 '마카로니 웨스턴'이라는 이름에는 '정통이 아니다'라며 얕잡아 보는 의미도 포함됐지요. 하지만 이 장르를 개척한 영화감독 세르지오 레오네Sergio Leone의 영화들은 사그라지던 서부극의 인기를 되살렸어요. 그가 만든 〈황야의 무법자〉, 〈석양의 건맨〉, 〈석양의 무법자〉 등 '무법자 3부작'은 엄청난 인기를 끌었어요. 착한 사람이 이긴다는 교훈이 아니라, 선악 구분이 모호한 인물들의 이야기를 담은 스파게티 웨스턴 영화에 사람들은 크게 열광했습니다. 마치 이탈리아의 파스타가 미국으로 전파된 후 서양 음식의 대표 주자가 됐듯이, 레오네도 결국 할리우드로 가 서부극 영화를 촬영했다고 하니 어쩐지 파스타와 스파게티 웨스턴은 닮은 구석이 있네요.

자, 라면 한 그릇 끓이다가 갑자기 전 세계의 누들로드를 따라 여행을 떠난 기분이 조금은 드나요? 라면이든, 국수든, 짜장면이든 우리가 흔히 먹는 면 음식이 실은 몇천 년 전부터 지금까지 전 세계 인류와 함께해 온 음식이라는 사실을 한 번쯤 떠올리는 시간이 되기를 바랍니다.

세계인의 주식

주식主食은 우리 식사의 중심이 되는 음식을 의미한다. 국경을 넘나들며 다양한 식자재가 유통되고 소비되는 이 시대에 주식이 무엇인지 따지는 것은 큰 의미가 없을지도 모른다. '동양은 밥, 서양은 빵'이라고 하기엔 우리의 식탁은 이미 너무나 세계적이다.

하지만 인류의 역사를 거슬러 올라가 보면 많은 양을 생산해서 저장할 수 있고 탄수화물 등 충분한 열량 공급원이 되는 곡물을 재배하기 시작한 일, 그러니까 '주식의 탄생' 자체가 획기적인 변화였다.

생산량을 기준으로 보면 세계 3대 곡물, 즉 주식은 밀, 옥수수, 쌀이다. 이 가운데 옥수수는 중남미 대륙과 아프리카에서, 쌀은 아시아에서, 밀은 유럽, 호주, 북미 등에서 주식의 위치를 차지해 왔다. 이처럼 지역에 따라 주식에 차이가 나는 이유는 기후와 밀접한 관련이 있다. 쌀보다 먼저 재배되기 시작한 밀은 건조하고 척박한 지역에서도 잘 자랐고, 고온다습한 일부 유럽을 비롯해 동아시아에서도 재배되었다. 반면 쌀은 고온다습한 지역에서 재배된다. 병충해에도 취약하고 재배 기간 내내 물이 필요해서 벼 재배 기간에 노동력 투입량도 상당하다. 그래서 쌀 생산지 주변의 인구밀도가 높다. 대신 쌀은 단위 면적당 생산량도 많아, 산지와 그 주변에서 소비되는 경우가 많다.

옥수수는 어떨까? 시리얼 등의 주원료이자 아프리카 주식의 원료인 옥수수는 생산량으로만 보자면 가장 많이 재배되는 작물이다. 하지만 현재 대부분은 사료용 등으로 사용된다.

곡물은 아니지만 감자 역시 주요한 식량 작물 중 하나다. 남미에서 재배되기 시작한 감자는 대항해시대에 유럽으로 건너왔고, 다시 아시아로 넘어온 것으로 추정된다. 감자는 대표적인 구황작물로 알려져 있다. 척박한 땅에서도 잘 자라 다른 주식을 대체할 수 있는 작물로 꼽힌다. 영화 <마션>에서 화성에 혼자 남은 우주비행사가 재배에 성공하는 작물 역시 감자였다. 2017년 기준으로 세계 1인당 감자 소비량은 51.4킬로그램으로, 최근에는 신선 감자뿐만 아니라 냉동 상품 등 가공 형태로도 많이 소비되고 있다.

6장

카레

인도에서 탄생해 현지화된 맛

지금의 카레는 어떻게 탄생했나?

여러분은 인도 하면 가장 먼저 떠오르는 음식이 무엇인가요? 아마도 카레, 즉 커리^{curry}가 아닐까요? 인도는 국토 면적이 우리나라의 약 32배인 엄청나게 큰 국가예요. 인구는 중국(약 14억 명)에 이어 두 번째로 많아요. 중국을 '세계의 공장'이라고 부르는데, '세계의 노동자'라고 하면 인도인을 생각할 정도로 인도 노동자들은 유럽, 아프리카, 중동, 아시아 등 세계 곳곳에서 일하고 있습니다.

2021년 1월 유엔이 발표한 「2020 국제이주 보고서」에 따르면, 고국을 떠나 해외에서 일하는 인도 노동자의 수는 1,800만 명(2020년 기준)이나 됩니다. 유엔은 이를 근거로 인도를 '세계 최대 디아스포라^{Diaspora} 국가'로 선언했어요. 디아스포라는 '흩뿌리거나 퍼트리는 것'을 뜻하는 그리스어에서 유래한 말로, 특정 민족이 자의든 타의든 기존에 살던 땅을 떠나 다른 지역으로 이동하는 현상을 의미합니다. 여기에 방글라데시인, 파키스탄인, 스리랑카인까지 합치면 해외에서 일하는 남아시아인의 규모는 대폭 늘어나지요.

이들을 통해 인도 등 남아시아의 다양한 음식과 문화가 전 세계로 퍼져 나갔고, 그중 하나가 바로 전 세계인이 사랑하는 커리입니다. 우리나라도 마찬가지예요. 3분 만에 데워 먹는 커리 제품이 있는가 하면 커리 음식점도 많지요. 참, '카레'는 커리의 일본식 표기랍니다.

인도에는 정작 커리 가루가 없다는 사실, 알고 있나요? 이게 도대체 무슨 말일까요? 우리나라에서 커리는 고기와 채소를 볶고 끓인 물에 노란색 커리 가루를 풀어 걸쭉하게 만든 요리를 말해요. 서양에서는 다양한 인도산 향신료와 고기, 채소, 버터, 치즈, 코코넛 밀크 등을 섞어 만든 음식을 뜻한답니다.

인도에서는 여러 가지 향신료를 섞은 것을 마살라masala라고 해요. 제품으로 출시된 것도 있지만, 대부분 저마다의 방식대로 향신료를 배합해 만든 마살라를 요리에 사용하지요. 13억 6,000만의 인구를 가진 인도에는 13억 6,000만 개의 마살라가 있다는 말이 있을 정도로 어떤 향신료를 넣었느냐에 따라 맛이 제각각 다릅니다. 대표적으로는 강황, 매운맛 나는 커민cumin, 고수, 고추의 일종인 칠리 가루, 겨잣가루, 후춧가루 등이 들어가요. 마살라와 함께 어떤 고기나 채소를 넣느냐에 따라 음식의 종류가 달라지지요.

그렇다면 커리란 단어는 어디에서 유래한 것일까요? 여러 가지 설이 있어요. 우선 인도에서 많이 사용되는 타밀어로 소스란 뜻을 가진 단어 '카리kari'에서 유래했다는 주장이에요. 카리가 영어화되면서 커리가 됐다는 것이죠.

인도에서 마살라 또는 커리 요리의 역사는 아주 길어요. 고고학자들에 따르면, 인도인은 기원전 2600년부터 다양한 향신료를 먹었고, 그것이 오늘날의 커리 요리로 이어지게 됐답니다. 특히 검은 후추는 남인도 지역이 원산지로, 최소한 기원전 2000년부터 인도 음식에서 중요한 향신료로 사용됐어요. 인도인이 이처럼 향신료를 많이 사용한 이유는 더운 날씨 때문이었다고 추정해요. 알싸하게 맵고 향긋한 향기가 나는 향신료는 더위에 지친 사람들의 입맛을 자극하는 데다가 살균과 부패 방지 효과도 있거든요.

인도 커리 요리의 역사에 큰 영향을 미친 사건도 있어요. 바로 1510년 포르투갈 군인들이 인도의 항구 도시 고아를 점령한 사건이지요. 유럽인은 기원전부터 인도에 대해 알고 있었어요.

다양한 향신료를 파는 인도 고아의 재래시장 모습.

기원전 4세기경에는 고대 그리스 북부에 위치한 마케도니아왕국
의 알렉산드로스 대왕이 인도 북부를 침략한 적도 있어요. 기원
전 80년쯤에는 이집트의 도시 알렉산드리아가 인도와 로마제국
간의 향신료 무역에서 중요한 관문 역할을 했어요. 15세기에 들
어 유럽 국가는 인도 등 동양의 신비로운 향신료를 얻기 위해 대
거 바닷길에 나섰어요. 세계사에서는 이 시대를 바로 '대항해시
대' 또는 '신항로 개척시대'라고 불러요. 이전까지 서양과 동양의

무역은 육상 실크로드(비단길)를 통해 이루어졌고, 비잔티움제국과 베네치아와 제노바 등 여러 도시국가가 중개 역할을 했습니다.

세상을 가로지른 놀라운 향신료의 세계사

그러던 중 1453년에 오스만제국이 수도 콘스탄티노플을 함락시키면서 비잔티움제국은 패망했어요. 당시 존재하던 유일한 향신료 무역로를 독점하게 된 오스만제국은 유럽으로 향하는 상품에 막대한 양의 세금을 부과했지요. 이에 유럽 각국은 새로운 해상 무역로를 찾아 나섰어요. 그중 가장 적극적인 나라가 포르투갈이었어요. 포르투갈의 탐험가 바르톨로메우 디아스Bartolomeu Dias가 유럽인으로는 처음으로 아프리카 대륙의 남쪽 끝인 희망봉을 발견합니다. 1497년에는 바스쿠 다 가마Vasco da Gama가 이끄는 선박 네 척이 희망봉을 돌아 동아프리카 해안을 넘어 인도양을 건넌 뒤 1498년에 인도 남쪽에 도착했지요.

대항해시대

15~18세기 중반까지 유럽 각국이 항로를 개척하고 탐험과 무역 활동을 왕성하게 벌이던 시기를 말한다. 이 과정에서 유럽인이 모르고 있던 아메리카 대륙 등 지리상의 발견이 이루어졌다.

오스만제국과 비잔티움제국

오스만제국은 14세기부터 20세기 초까지 유럽 동남부, 서아시아, 북아프리카 대부분을 통치하던 광대한 제국이다. 비잔티움제국(동로마제국)은 4세기 말부터 15세기 중반까지 수도 콘스탄티노플을 중심으로 융성했다.

1492년에는 크리스토퍼 콜럼버스^{Christopher Columbus}가 서쪽으로 항해해서 인도로 가는 도중에 중남미 대륙의 한 섬에 도착했어요. 콜럼버스는 자신이 인도에 도착했다고 철석같이 믿어 현지인을 '인디언(인도인)'이라고 불렀답니다.

포르투갈은 아프리카 해상 무역로의 지배권을 쥐면서 인도와의 교역에서도 다른 유럽 국가보다 앞서 나갔어요. 1510년에 포르투갈 국왕 마누엘 1세는 제독을 인도로 보내 인도 남부의 항구 도시 고아를 점령합니다. 그 외에도 뭄바이 등 여러 곳을 빼앗아 식민지로 삼았어요.

포르투갈이 고아 등 인도 영토 일부를 차지한 사건은 인도 커리 요리에 중대한 영향을 미쳐요. 바로 고추의 전래 때문이에요. 고추는 멕시코 등 중남미를 원산지로 하는 식물이에요. 고추를 아메리카 대륙에서 유럽으로 처음 가져온 사람은 바로 콜럼버스였어요. 스페인으로 돌아오면서 고추를 가지고 왔던 것이죠. 기록에 따르면, 처음에는 '인도 후추', '뿔 후추'로 불렸다고 해요. 콜럼버스가 고추를 처음 소개한 지 70여 년 만에 스페인에서는 고추가 아주 흔한 작물이 됐습니다. 유럽에 들어온 고추는 포르투갈인을 따라 인도에 전해졌고, 커리 요리에 들어가 특유의 매운맛을 더하게 되었어요.

1757년 플라시전투의 한 장면을 담은 그림.

　인도 커리의 매력에 푹 빠진 또 다른 이들은 바로 영국인이었어요. 1600년에 동인도회사를 건립한 이래 본격적으로 인도에 진출한 영국은 1757년에 플라시전투를 통해 프랑스를 몰아내고 인도 전역을 차지해요. 영국은 인도를 식민지로 점령했지만, 영국인은 인도 커리의 독특한 맛에 홀딱 빠져 버리고 말았어요. 인도 진출 초기인 17세기부터 영국에서는 인도에서 가져온 향신료

플라시전투

1757년 인도 벵골 지방의 패권을 둘러싸고 영국군과 프랑스·벵골 연합군이 전투를 벌였다. 영국은 이 전투에서 승리하면서 벵골 지역에서의 패권을 차지했다.

동인도회사

대항해시대에 유럽은 인도 등 아시아와의 무역을 독점하기 위해 회사를 세웠다. 영국 동인도회사 이외에도 네덜란드, 덴마크, 포르투갈, 프랑스, 스웨덴, 오스트리아 등이 동인도회사를 만들었다.

를 넣는 조리법이 유행했고, 1733년 런던에 문을 연 커피하우스에서 영국 최초로 커리 요리를 팔기 시작했다는 기록이 있습니다.

1747년에 출간된 해너 글래스Hannah Glass 의 요리책에 '인도식 커리 만드는 법' 조리법이 실릴 정도였어요. 19세기와 20세기 초반에 수많은 인도인이 영국으로 이주해 정착하게 되면서, 커리는 더욱 무궁무진하게 변화해 영국 음식문화에서 중요한 위치를 차지하게 됩니다.

커리는 인도에서 탄생했지만 사실 커리를 세계화한 국가는 영국이라고 해도 과언이 아니에요. 영국의 식민지였던 미국과 캐나다는 물론, 카리브해 지역과 중남미 대륙, 아프리카와 일본, 한국 등 아시아 전역으로 퍼트리는 역할을 영국이 했기 때문이지요.

커리는 인도 요리인가?
영국 요리인가?

그래서 이처럼 세계화된 요리인 커리에 대해 "인도 요리가 아니라 영국 요리"라는 말까지 나오게 됩니다. 2001년 로빈 쿡 Robin Cook 영국 외무장관이 자국의 다문화 정책을 주제로 한 연설에서 "치킨 티카 마살라는 진정한 영국의 국민 요리"라고 평가한 일은 유명한 일화예요.

치킨 티카 마살라는 영국은 물론이고 전 세계의 인도 레스토랑에서 가장 인기 있는 닭고기 커리 메뉴의 하나로, 커리의 국적 논란을 불러일으킨 주인공이지요. 매콤새콤한 향신료를 발라 화덕에 구워 낸 닭고기에 마살라, 토마토, 요거트, 크림 등을 넣어 부드러운 맛이 나는 게 특징입니다. 마살라가 들어가지만 '원조' 인도 커리와는 상당히 다르지요. 영국 측 주장에 따르면 스코틀랜드의 방글라데시 출신 요리사 알리 아흐메드 아슬람 Ali Ahmed Aslam 이 치킨 티카 마살라를 발명했다고 해요. 2013년에는 아슬람의 아들이 직접 BBC에 출현해서 "치킨 티카 마살라는 영국 전통 요리"라고 주장하기도 했어요. 영국에는 심지어 '전국 커리의 날'도 있어요. 1998년부터 매년 10월에 열린다. 영국 전역에는 1만 개에 달

다양한 인도식 커리 요리와 거기에 들어가는 향신료들.

하는 커리 레스토랑이 있다니, 이 정도면 커리가 영국의 '국민 음식'이 될 만한가요?

커리는 어떻게 카레로 변신해서 한국까지 왔나?

커리가 일본으로 넘어가 '카레'가 된 것도 역시 영국 때문이에요. 19세기 말, 일본의 항구에 정박한 영국 해군을 통해 커리가 전해졌습니다. 당시 영국 해군은 배 안에서 오랜 시간을 보내야 하는 군인들에게 영국식 커리 요리를 많이 제공했어요. 각종 향신료가 지친 군인들의 입맛을 돋우는 데다 채소와 고기가 들어가 영양도 풍부했기 때문이죠. 영국 해군의 커리 요리를 본 일본 해군은 빵 대신 쌀밥에 커리를 끼얹은 요리를 만들어 냈어요. 이후 커리 가루와 고형 커리 제품이 나오면서 커리는 일본인이 가장 좋아하는 요리 중 하나가 됐습니다. 한 조사에 따르면, 일본 국민은 초밥이나 튀김보다 커리를 더 많이 먹는다고 해요.

일본 커리는 향이 강한 마살라를 뺀 영국식 커리 가루에 밀가루와 버터를 볶아 만든 '루roux'를 사용해 좀 더 걸쭉하게 만든 게 특징이에요. 걸쭉해야 밥에 비벼 먹기가 좋기 때문이지요. 그래서

우리나라 최초의 커리 제품과 오뚜기 광고.

커리와 카레는 다른 음식이라고 봐야 한다는 사람들도 있습니다.

우리나라에는 일제강점기에 일본을 통해 커리가 상륙했어요. 이후 1969년 5월 오뚜기가 회사 설립과 함께 국산화된 분말 카레를 출시했어요. 이것이 우리나라에서 출시된 최초의 커리 제품이에요. 국산 커리 제품은 일본산보다 강황이 많이 들어가 색깔이 더욱 노란 것이 특징이에요. 커리 안에 들어간 강황이 치매 발생률을 감소시키는 것은 물론, 항산화 능력이 뛰어나 항암 효과가 있는 것으로 알려지면서 더욱 관심을 끌고 있지요.

우리의 식탁 위에 오르는 카레 한 그릇에도 오랜 세월 이어져 온 문화와 역사가 담겨 있습니다. 인도에서 탄생한 커리는 이제 전 세계인이 사랑하는 글로벌한 음식이 됐습니다. 한국인이 즐겨 먹는 카레와 인도인이 먹는 커리가 상당히 다른 것처럼, 세계 곳곳에 현지의 음식문화와 결합해 독특한 개성을 가진 커리 요리들이 존재하지요. 그러고 보면 다양하다는 것이 커리의 가장 큰 특징이자 장점이라는 생각이 들어요. 여러분은 어떤 스타일의 커리 요리를 좋아하나요?

전통 음식과 문화 정체성

음식문화는 언어나 풍속, 복식처럼 한 민족 또는 공동체의 정체성을 잘 나타내 준다. 그렇다면 한국인의 정체성을 대표하는 음식은 무엇일까? 우선 김치가 떠오른다. 역사적으로 볼 때 김치는 요즘 같은 냉장 시설이 없던 시절에 채소를 저장하려는 방안으로 소금과 여러 양념을 넣어 만들어 먹었던 발효식품이다. 기록에 따르면 700~800년 전부터 우리 민족의 식단에는 김치가 자리 잡고 있었다. 지역과 시대 변화에 따라 김치는 다양하게 발전해 왔다. 김치 없는 한식 상차림을 과연 상상할 수 있을까? 게다가 최근에는 세계 곳곳에 전해지면서 사랑받고 있다.

2013년 김치는 유네스코 세계무형유산으로 등재됐다. 정확하게는 '김치를 담가 먹는 행위'가 한국인의 정체성을 나타내는 '문화'로 인정받은 것이다. 유네스코는 "김치를 담그는 것, 특히 공동 작업인 김장은 한국인의 정

체성을 재확인시켜 준다"라면서, "한국의 문자 체계인 한글이나 태극기와 비교될 정도로 중요하다고 여겨진다"라고 평가했다.

비빔밥도 우리 민족의 정체성을 잘 보여 주는 음식으로 꼽힌다. 멀게는 500여 년 전부터 비빔밥을 먹었다는 주장도 있다. 비빔밥은 밥과 여러 종류의 나물을 한 그릇에 넣어 양념장으로 비벼 먹는 음식이다. 비빔밥은 서양 음식의 샌드위치처럼 먹기 편리하다는 장점은 물론이고 다양한 재료가 입 안에서 섞여 맛을 낸다는 게 특징이다. 비빔밥의 이런 특징이 서로 어우러지며 살아가는 일을 소중하게 생각하는 우리 민족의 심성을 나타낸다는 해석도 있다.

유네스코 세계무형유산에 등재된 세계의 음식으로는 김치 말고도 나폴리 피자, 벨기에 맥주, 중동 지역에서 주로 먹는 전통 음식 쿠스쿠스, 프랑스 코스 요리, 아제르바이잔 등의 납작빵flat bread, 일본 전통 요리 와쇼쿠, 말라위의 옥수숫가루로 만든 죽 엔시마Nsima, 싱가포르의 노점 음식문화를 가리키는 '호커Hawker', 튀르키예의 전통 의식 요리 케슈케크Keşkek 등이 있다.

7장

햄버거

전 세계 패스트푸드 부동의 1위

세계의 음식이 된 햄버거, 그 시작은?

세계 여러 나라는 서로 다른 화폐를 쓰고 있습니다. 각국이 얼마나 부유한지, 얼마나 구매력이 있는지를 알아보려면 미국 화폐인 달러를 기준 삼아 국내총생산GDP 또는 1인당 GDP를 비교하지요. 이 액수가 많으면 선진국으로, 그렇지 않으면 개발도상국으로 분류합니다.

그런데 각 나라의 구매력을 비교하는 데 사용되는 음식이 하나 있어요. 바로 '햄버거'입니다. 더 구체적으로 말하면 패스트푸드 체인 맥도날드의 빅맥Big Mac이라는 햄버거지요. 이른바 '빅맥지수'인데, 맥도날드의 대표 햄버거인 빅맥 가격을 나라별 물가를 비교하는 기준으로 삼는 방식입니다. 1986년에 처음 영국의 경제 전문지 『이코노미스트』가 이 지수를 개발한 뒤 석 달에 1회씩 업데이트하고 있어요.

2021년 1월을 기준으로 볼까요? 빅맥이 가장 비싼 나라는 스위스로 7.29달러, 뒤이어 스웨덴, 노르웨이 등 북유럽 국가입니다. 그다음이 미국, 이스라엘, 캐나다예요. 빅맥지수가 높으면 그 나라의 화폐가치는 물론, 물가도 더불어 높다는 뜻이 되지요.

이쯤 되면 의문이 들어요. 왜 빅맥일까요? 왜 햄버거일까요? 바로 전 세계 어디에나 맥도날드가 있고, 햄버거가 있기 때문이지요. 전 세계에서 연간 10억 개 이상이 팔린다는 빅맥은 양과 맛이 어디에서나 비슷한 표준화된 음식입니다. 어쩌다 햄버거는 전 세계의 음식이 되었을까요?

갈거나 다진 고기를 구워 여러 가지 채소와 함께 빵 사이에 끼워 먹는 햄버거의 고향은 이름에서 알 수 있듯이 독일 함부르크라는 이야기가 있지요. 함부르크에서는 고기를 다져 양념을 넣고 구워 먹는 스테이크 같은 음식이 있었는데, 이 음식이 1800년대에 독일 이민자와 함께 미국으로 넘어왔고, 미국에서 패스트푸드가 되면서 전 세계로 퍼져 나갔다는 것이죠. 특히 햄버거의 대표적 특징인 빵 사이에 고기를 끼워 먹는 방식은 미국에서 생긴 방법이라고 해요. 세인트루이스 박람회장의 식당에서 이 방법을 처음 고안했다는 설을 비롯해 '원조'를 자처하는 다양한 주장이 있어요. 정리하면 고기를 다지는 방법은 독일에서, 빵에 고기를 끼워 먹는 방법은 미국에서 시작됐다는 추론입니다.

그런데 햄버거가 함부르크에서 시작됐다는 주장에 대한 반박도 있어요. 몽골고원의 타타르족이 말과 안장 사이에 고기를 넣어 말을 타는 중에 자연스럽게 고기가 다져지도록 해 육질을 부드럽게 만든 뒤 양념해서 먹었다고 해요. 이 요리법이 아시아 대륙 너머 유럽으로 건너갔고, 독일 등 유럽에서도 덩어리 고기가 아니라 다지고 두드려서 고기를 부드럽게 했다는 주장이죠.

원조가 어디든 간에 햄버거가 전 세계에 퍼져 나간 이유는 간 고기에 양념하고 불에 구운 뒤 채소를 곁들여 빵 사이에 끼워 먹는 이 음식이 패스트푸드 체인의 입맛에 딱 맞았기 때문이에요. 20세기 초반 미국에서는 대량생산 시대와 맞물려 외식 문화가 발달하기 시작했어요. 빨리 만들어 빨리 내놓은 음식을 빨리 먹고 사라질 수 있게 하는 시스템이 도입되었죠. 딕과 맥 맥도날드 Dick and Mac MacDonald 형제가 이 시스템을 도입한 것이 1948년이었어요. 맥도날드의 시작이었습니다. 이후 프랜차이즈 개념이 본격적으로 자리 잡는데, 본사가 여러 지역에 가맹점을 두고 상품과 매장 디자인 등을 통일된 형태로 공급하는 방식이었어요. 여기에선 치킨의 명가 KFC가 선수를 치고 나가지요.

패스트푸드와 프랜차이즈. 지금은 당연시되는 이 조합이 시작된 것도 바로 이쯤이에요. 가맹점에서는 그곳이 어디든 균일한 맛을 내는 것이 중요한데, 패스트푸드를 만들기 위해 도입한 기계가 이런 요구를 충족시킨 것입니다.

패스트푸드의 대명사 햄버거.

지구상 10억 마리,
돼지고기를 먹는 사람들과 먹지 않는 사람들

햄버거는 여러 가지 고기를 원료로 패티를 만들어요. 가장 많이 쓰이는 고기 중 하나가 돼지고기예요. 최근 몇 년간 지구상에서는 매년 약 10억 마리의 돼지가 사육되고 있어요. 인간이 돼지를 길러서 잡아먹기 시작한 것은 적어도 수천 년 전부터였다고 해요. 1만 3,000년 전쯤 돼지를 길들이기 시작했다는 기록도 있다니, 과연 돼지는 인류의 친구네요.

각국의 오래된 이야기에도 돼지가 종종 등장해요. 중국의 『서유기』에는 삼장법사, 손오공과 함께 길을 떠나는 저팔계가 나오고, 유럽의 동화 『아기 돼지 삼 형제』에서 세 마리 돼지는 각기 다른 재료로 집을 짓고 늑대를 골려 주지요. 영국 동화 『곰돌이 푸』의 친한 친구는 돼지 피글렛입니다. 영국 작가 조지 오웰^{George Orwell}이 쓴 풍자소설 『동물농장』에는 혁명으로 권력을 잡았으나 부패에 이르는 돼지들이 등장하고, 일본 감독 미야자키 하야오의 애니메이션 영화 〈붉은 돼지〉는 유능한 파일럿으로 1차 세계대전에 참전했으나 스스로 마법을 걸어 돼지로 변해 그대로 살아가는 포르코가 주인공입니다. 영화에서 돼지 포르코는 "파시스트

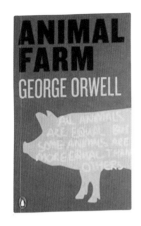
『동물농장』 원서 표지.

가 되느니 돼지로 사는 편이 나아"라고 말하기도 해요. 여러 영화에서 돼지는 다양한 상징을 띠는데 여러 마리의 새끼를 낳는 특징 등으로 미뤄 부의 상징으로 통하는가 하면 친근하고. 영특한 캐릭터로 그려지기도 하죠.

유엔식량농업기구 통계(2020년)를 보면, 국민 1인당 돼지고기 소비량이 가장 많은 나라는 베트남, 그 뒤로 한국, 중국, 칠레, 미국이에요. 이들 국가의 돼지고기 소비량은 OECD 평균인 22.9킬로그램을 넘어요. 소비량 전체를 놓고 보면 가장 큰 돼지고기 수입국은 중국으로, 여러 국가가 중국 시장에 돼지고기를 수출하고 있지요.

우리나라는 어떨까요? 한국인은 닭고기나 소고기보다 돼지고기를 많이 먹어요. 통계청 자료에 의하면 1980년 1인당 6.3킬로그램이던 돼지고기 소비량이 2018년 27.0킬로그램까지 뛰어올랐습니다. 2018년 당시 다른 고기 소비량은 닭고기가 14.2킬로그램, 소고기가 12.7킬로그램이었어요. 특히 한국인들은 삼겹살을 사랑하지요. 표준국어대사전에 삼겹살은 "돼지의 갈비에 붙어 있는 살. 비계와 살이 세 겹으로 되어 있는 것처럼 보이는 고기"라고 정의되어 있어요. 다른 나라에도 삼겹살 요리가 아예 없는 것은 아니지만 한국인의 삼겹살 사랑은 그야말로 유별납니다. 구워 먹고, 삶아 먹고, 볶아 먹고, 찌개에도 넣어 먹지요. 수요가 워낙 많다 보니 미국과 중남미에서 삼겹살을 수입해요.

하지만 이렇게 친근한 돼지와 돼지고기를 이슬람 문화권에서는 금기시합니다. 무슬림은 돼지고기를 먹지 않는데, 그 이유는 알라의 메시지를 담은 이슬람 경전 코란에 금지된 음식으로 명시되어 있기 때문이에요. 어떤 학자들은 과거 이들이 살던 사막 같은 지역에서는 돼지고기가 쉽게 상하고 따라서 몸에 해로워서 먹지 않도록 했다는 해석을 내놓기도 해요.

돼지고기를 포함해 이슬람에선 '하람 Haram', 그러니까 금지된 음식이 있어요. 반면 '할랄Halal', 즉 허용된 음식도 있지요. 햄버거는 어떨까요? 당연히 이슬람 문화권에서는 돼지고기를 패티로 쓴 햄버거는 먹지 않아요. 그렇다고 모든 고기를 먹을 수 없는 것은 아니죠. 이슬람 율법에서 허락한 방식으로 도축된 고기로 패티를 만든 햄버거는 가능해요. '동물성 기름을 넣지 않는

할랄과 하람

'할랄'은 아랍어로 '허용된 것'이라는 뜻으로 무슬림이 먹고 쓸 수 있는 제품 모두를 말한다. 특히 육류는 이슬람식 도축법에 따라 도축해야 하는 등 엄격한 규칙이 있다. 이를 지킬 때 할랄 인증 마크가 붙는다. 반면 '하람'은 무슬림에게 금지된 제품을 의미한다.

한국인의 '최애' 삼겹살.

다' 등 할랄 기준을 통과한 화장품이나 음식에는 '할랄 인증 마크'가 붙게 되는데요, 패스트푸드점에서는 바로 이 마크를 단 햄버거를 판매해요. 전 세계 인구의 24퍼센트에 해당하는 무슬림 인구를 기업들이 놓칠 리 없겠지요.

돼지독감?
돼지도 죄가 없다

2009년 봄 멕시코와 미국에서 신종 인플루엔자 A^{H1N1} 변종이 전파되기 시작했어요. 이 신종 인플루엔자는 1990년대 후반에 발생해서 돼지에 노출된 사람들을 감염시킨 적이 있습니다. 하지만 이 변종이 전례 없이 사람 간 감염까지 일으켰어요. 이후 이 감염병은 아시아, 유럽, 중동까지 번져 나갔어요. 확산 속도도 빨랐지만 범위는 그야말로 어마어마했습니다. 당시 세계보건기구 WHO는 지금의 코로나19 상황처럼 감염병 경보 최고 수준인 팬데믹을 선포했어요. 이 신종 인플루엔자가 전 세계 214개국에 번져 나간 속도는 이전 전염병들과 비교해 4배 이상 빨랐다고 해요. 질병이 지역에 국한되지 않고 다양한 이동 수단을 통해 전 세계로 급격히 퍼진 것이죠.

　최초 감염이 발병된 지역은 멕시코 베라크루스 인근으로 알려져 있어요. 그곳에서 퍼져 나간 이 바이러스를 사람들은 '돼지 인플루엔자(돼지독감)'라고 불렀어요. 10킬로미터도 채 떨어지지 않은 곳에 멕시코 최대 양돈 기업의 대규모 축사가 있었기 때문이죠. 하지만 역학 조사 결과, 이 감염병의 원인은 돼지고기 섭취나 돼지와의 접촉이 아닌 것으로 드러났어요. 오히려 사람들이 돼지를 키우는 방법에 의문이 제기되었지요. 공장식 축산 방식으로 인해 폐수나 파리 떼가 들끓었고, 주변 지역

> **신종 인플루엔자**
>
> 2009~2010년 전 세계에 발생한 전염병으로 H1N1 인플루엔자 바이러스가 원인으로 꼽혔다. 추정 감염자가 2,500만 명 이상에 이를 것으로 관측되었다.

주민들의 원성이 자자했기 때문입니다.

보통 공장식 농장의 돼지들은 철제 케이지 안에서 한 마리씩 살아요. 움직일 수조차 없이 좁은 공간이지요. 새끼 돼지에게 젖을 먹이려고 몸을 겨우 누일 정도의 크기예요. 냄새도 엄청나고 스트레스를 받은 돼지들끼리 서로 공격하는 일을 막기 위해서 꼬리를 아예 잘라 버리기도 해요. 돼지는 이렇게 6개월을 살고 110~130킬로그램이 되면 도축됩니다. 본래 돼지 수명은 9~15년 정도예요.

이런 대형 축산에 반대하는 동물권 활동도 활발합니다. 소비자의 압력을 받은 기업들은 돼지의 활동 면적을 넓히는 등 사육 환경 개선에 나서고 있어요. 더 적극적이고 다소 과격한 동물권 활동도 있어요. 양돈장으로 들어가 돼지들을 데리고 나와 '생크추어리'라고 불리는 넓은 공간에서 키우는 활동을 벌이는 공장식 축산 반대 동물구조 행동이에요. 활동가들은 이를 '구조'라 말하지만, 타인 소유의 농장에 허가 없이 들어가 돼지를 들고나오는 일을 두고 현행 법체계에선 절도가 아니냐는 주장도 있어요.

반면 '이런 활동이 궁극적으로는 사람을 위한 것'이라는 주장에도 주목할 필요가 있어요. 인간이 자연환경을 파괴하고 야생동물의 서식지를 파괴하는 동안 야생동물과 인간의 접촉이 잦아지면서 신종 전염병이 인간의 영역으로 들어오기 때문이라는 거죠.

공장식 사육 양돈 농장.

이 과정에서 공장식 사육 방식으로 길러져 면역력이 약해진 수많은 가축이 병을 옮기기에 적당한 숙주 역할을 합니다. 여기에 전 세계를 연결하는 국제화가 겹쳐지면 바이러스가 전에 없이 빠른 속도로 전 세계로 퍼져 갈 수밖에 없지요.

앞으로 동물과 인간 등을 포함해 생태계 전체가 평화롭게 지속되기 위해서는 현재 인류의 생활 방식을 근본적으로 돌아봐야 하겠습니다.

정크푸드와 가공음식

정크푸드는 쓰레기junk와 음식food의 합성어다. 열량은 높지만 영양상으로 좋지 않은 먹거리를 뜻하는데, 주로 패스트푸드나 인스턴트 가공식품이 이에 속한다. 햄버거는 전 세계에서 엄청난 양이 소비되지만, 한편에선 정크푸드라는 오명을 쓰고 있다.

패스트푸드가 정크푸드라고 불리는 이유는 조리 과정을 단순화하기 위해 패티 등 여러 식자재를 표준화하고 단가를 낮추는 과정에서 그 질을 담보하기 어렵기 때문이다. 즉, 단가는 낮추고 빨리 소비자들에게 음식을 제공하려다 보니 재료의 질이 잘 관리되지 않을뿐더러 지구 곳곳에서 다양한 사람의 입맛을 맞추기 위해 달고 짠 양념이나 튀긴 음식 등 표준화된 레시피의 필요성이 커진다. 그래서 나트륨과 당분 함량이 높을 수밖에 없다. 패스트푸드가 종종 비만과 노화의 주범으로 지목되는 이유도 여기

있다.

특히 패스트푸드에 첨가된 방부제나 항생제 등 인공 첨가물은 큰 논란거리가 되고 있다. 특정 패스트푸드 브랜드의 햄버거가 수년간 썩지 않는다는 증언과 함께 이는 다량의 방부제 성분 때문이라는 지적이 나오는가 하면, 반대로 또 다른 브랜드는 자사 햄버거가 썩는 모습을 담은 동영상을 영상 광고로 만들어 제품이 친환경적이라는 점을 내세우기도 한다.

가공식품을 보자. 법령에 가공식품은 원래의 식품이나 원료에 첨가물을 더하거나 원형을 알아볼 수 없을 정도로 가공하고 포장한 식품이라고 규정돼 있다. 돼지고기를 재료로 활용하는 베이컨의 경우, 대개는 비닐에 잘 포장된 상태로 판매된다. 하지만 원래 베이컨은 고기 조각이 아니라 '덩어리'였다. 보관 기간을 길게 하려고 우리가 잘 먹는 삼겹살 부위 등을 덩어리째 염장하고 훈연해 보관하다가 먹을 때마다 얇게 잘랐던 것이다. 유통기한이 짧은 지금의 가공된 베이컨과는 매우 다르다. 소시지도 마찬가지다. 돼지고기를 비롯한 육류를 다져 소금과 향신료 등을 첨가하고 동물의 창자 등에 싸서 보관해 두었다가 꺼내 조리하는 것이 소시지다. 지금은 다양한 형태의 가공식품으로 마트에서 쉽게 볼 수 있다. 이런 가공식품 역시 보관과 이동을 용이하게 하기 위해 첨가한 색소나 첨가물이 건강에 좋지 않다는 인식이 퍼지면서 대표적인 정크푸드로 알려졌다.

2015년에 세계보건기구는 가공육을 1급 발암물질로 분류했다. 소시지나 햄, 베이컨, 치킨너깃 등이 담배, 술, 석면, 비소 같은 유해 물질만큼 암이나 질병을 유발할 수 있다고 경고했다. 사실 가공육, 가공식품은 청소년들이 즐겨 먹는 소시지, 햄, 통조림, 스팸, 베이컨, 핫도그, 치킨너깃, 육포, 훈제 소고기 그리고 햄버거 패티 등 거의 모든 인스턴트 식품을 포함하고 있다.

한편 이런 비판 속에서 가공식품이나 패스트푸드도 최근에는 변신을 시도하고 있다. '나쁜 음식'이라는 불명예를 뒤엎기 위해 유기농, 친환경 제품을 앞세워 마케팅하는 패스트푸드 글로벌 체인이 있는가 하면, 가공식품 중에서도 첨가물을 최대한 배제하고 건강함과 신선함을 강조하는 제품이 늘고 있다.

8장

연어
하늘로 수송되는 바다의 산물

산뜻한 오렌지색 연어,
너는 어디서 왔니?

캘리포니아 롤, 연어 초밥, 연어 덮밥, 훈제 연어 샐러드……. '흐르는 강물을 거꾸로 거슬러 오르는' 연어는 이제 한국에서도 흔해졌어요. 구워 먹거나 찌개로 끓여 먹는 생선 요리법에 익숙한 한국인에게 언제부턴가 연어 요리는 일상이 되었습니다.

입에서 살살 녹는 부드러운 붉은 살은 사실 연어가 다음 세대를 위해 쟁여 놓은 에너지예요. 바다에서 성장기를 보내고 강으로 돌아와 알을 낳는 연어 같은 물고기를 회귀 어종이라 부릅니다. 10~12월이 되면 연어는 바다에서 강으로 돌아오기 전에 엄청난 양의 지방을 축적해 둬요. 그 힘으로 강의 물살을 거슬러 오르고, 고향으로 돌아와 알을 낳거든요.

연어는 크게 대서양 연어와 태평양 연어로 나뉩니다. 대서양 연어는 덴마크 땅인 북극 근처의 거대한 섬 그린란드 쪽 바다를 돌다가 북유럽의 강으로 돌아가요. 태평양 연어는 아시아와 북미 대륙을 잇는 베링해 주변을 돌아다니다가 강으로 가지요.

그러나 점점 연어가 강으로 돌아가기 어려워지고 있습니다. 강마다 댐이 생기고 강물이 오염됐기 때문이죠. 게다가 야생 연어는 바다와 강에서 사람들이 마구잡이로 잡아먹은 탓에 보호 대상이 됐어요. 그린란드 같은 몇몇 지역을 빼면 야생 대서양 연어는 거의 사라졌어요. 태평양 연어도 미국 알래스카 지역과 러시아 동부 정도에만 남아 있지요.

지금 우리가 먹는 연어는 야생 연어기 아니라 모두 양식장에서 키운 대서양 연어예요. 이 연어들은 강에서 태어나 강으로 돌아가는 것이 아니라, 대규모 양식장의 플라스틱 상자 안에서 부화해 거대한 수조에서 사료를 먹으며 자랍니다. 어느 정도 자라면, 즉 바다로 나가야 하는 시점이 되면 해안 양식장으로 옮겨져요. 거기서 사료로 몸집을 불리면 공장으로 옮겨져 우리가 잘 아는 훈제 연어나 연어 샐러드, 구이용 식자재로 가공됩니다. 한국에 수입되는 연어의 40퍼센트는 훈제 처리를 하지 않은 생연어인데, 대부분 노르웨이의 양식장에서 자란 대서양 연어예요.

사실 연어가 한국에서 이렇게 많이 팔린 지는 얼마 되지 않았어요. 2000년대에 들어오면서 '오메가3가 많이 함유된 건강식품'이라고 홍보하면서 인기를 끌기 시작했지요. 노르웨이산 양식 연어가 대거 들어오면서 가격이 하락한 덕분이었어요.

노르웨이의 양식장에서는 자체적으로 '개발'한 연어 품종을 위생적으로 '생산'하는 데 여념이 없습니다. 깨끗하게 소독한 인공부화실에서 부화한 연어 새끼, 즉 치어 들은 정밀하게 온도가 조절되는 성장실의 선반에 놓인 플라스틱 상자에서 성장해요. 크기가 어느 정도 자랄 때마다 연어 수조를 바꿔 줘야 해요. 초등학교, 중학교, 고등학교에 올라가듯이 일정한 크기가 되면 비슷한 크기의 연어 무리를 수조에 집어넣는 거예요. 연어가 자라는 수조에는 긴 관이 연결되어 있고, 거기서 몇 초마다 사료가 자동으로 떨어져요.

> ### 오메가3
> 식물성 기름이나 등 푸른 생선에 많이 들어 있는 불포화지방산이다. 면역력을 높이고 뇌 건강에 좋은 것으로 알려져 있다.

거의 다 자라면 연어는 바다의 양식장으로 떠납니다. 바닷물을 가둬 우리처럼 만든 양식장이에요. 그곳으로 가기 전에 연어는 수면제를 맞고 잠들어요. 사람들은 연어 한 마리 한 마리를 컨베이어 벨트에 올려놓고, 박테리아에 감염되지 않도록 예방주사를 놓아요. 세계적으로 연어 소비가 늘어나던 시기에는 양식 업체가 사료에 항생제를 넣기도 했어요. '양식 연어는 항생제 덩어리'라는 지적이 쏟아져 나오자 최근 노르웨이 양식 업계는 항생제를 줄였다며 홍보하고 있어요.

실은 연어를 둘러싼 쟁점은 이것 말고도 많습니다. 대표적인 것이 '색깔 논쟁'이에요. 자연에서 자라는 연어는 특유의 오렌지

슈퍼마켓 판매대의 연어. 자연산 연어는 붉은빛을 띠지만, 양식 연어는 색이 옅다. 발색제 사용으로 인한 논란과 관련해 더 많은 연구가 필요하다.

빛을 띠어요. 연어의 먹이인 크릴새우나 게, 동물성 플랑크톤에 들어 있는 아스타잔틴 성분 때문이지요. 그런데 사료를 먹이면 그 색깔이 흐려지다 보니, 양식 업체가 사료에 색소를 집어넣었어요.

또 하나의 문제는 연어의 먹이예요. 연어는 육식성 어종이라 작은 물고기나 바닷속 작은 생물을 먹고 살아요. 그래서 기업들은 사람들이 먹지 않는 온갖 물고기를 잡아서 갈아 넣어 연어 사료를 만들었고, 결국

항생제

박테리아 같은 미생물에 감염되는 것을 막는 화학약품을 항생제라고 한다. 하지만 많이 쓸수록 항생제에 내성이 생겨서 오히려 세균이 더 강해지고 부작용을 초래해 문제가 된다.

연어를 키우느라 바다를 황폐하게 만든다는 지적이 끊이지 않았어요.

이런 문제들 때문에 환경단체를 비롯해 시민단체의 비판이 빗발치자, 지금은 사료에 색소를 넣지 않고 식물성 사료로 교체하고 있어요. 세계 양식 연어의 대부분을 생산하는 노르웨이는 바다 양식장의 수질 검사를 비롯해 양식 환경을 꼼꼼히 관리한다고 홍보하고 있어요. 하지만 모든 것을 기계화·자동화해 막대한 에너지와 자원을 투입하며 키우고, 그것을 배와 비행기 등으로 지구 반대편까지 실어 날라 엄청난 '생태 발자국ecological footprint'을 남기는 연어를 아무렇지 않게 소비해도 되는지 의문은 남습니다.

> **생태 발자국**
>
> 인간의 행위가 생태 환경에 미치는 영향을 생태 발자국이라고 부른다. 탄소를 얼마나 많이 배출했는지를 말하는 탄소 발자국carbon footprint도 생태 발자국 중 하나다.

해양을 약탈하는 수산업 대국

노르웨이의 양식장에서 자라서 공장에서 가공되는 연어가 한국의 슈퍼마켓 선반에 오르기까지 걸리는 시간은 겨우 72시간.

맛과 신선함을 자랑하는 연어 뒤에 숨은 생산과 유통 과정은 세계의 어업이 얼마나 발전해 있고, 어떤 방향으로 가고 있는지 상징적으로 보여 줍니다.

유엔식량농업기구의 「세계 어업 현황 보고서」를 보면, 2018년 세계에서 생산된 물고기와 갑각류, 해조류의 총량이 1억 7,900만 톤에 이르러요. 어획과 양식업을 모두 합한 숫자인데, 그 가운데 사람이 먹은 게 1억 5,600만 톤입니다. 지구에 사는 사람들이 1인당 연간 20킬로그램 넘게 먹은 거지요. 나머지는 양식용 사료나 기름용으로 쓰였어요. 중국에서 세계 수산물의 35퍼센트를 소비했고, 중국을 뺀 나머지 아시아 국가에서 비슷한 양이 소비됐지요. 북미와 남미는 14퍼센트, 유럽은 10퍼센트, 아프리카는 7퍼센트에 그쳤어요. 물에서 나는 먹거리 소비도 대륙에 따라 격차가 드러납니다.

양식을 제외하고 포획한 수산물만 놓고 보면 내륙의 강이나 호수에서 잡은 것이 1,200만 톤, 바다에서 잡은 것이 8,440만 톤으로 훨씬 많아요. 어획과 양식을 합쳐 세계 수산물 생산에서 가장 큰 비중을 차지하는 나라는 중국이에요. 연간 6,500만 톤 가까운 수산물을 생산하지요. 2위인 인도네시아는 약 2,300만 톤으로 그 절반에도 못 미칩니다. 인도, 베트남, 미국, 러시아, 일본,

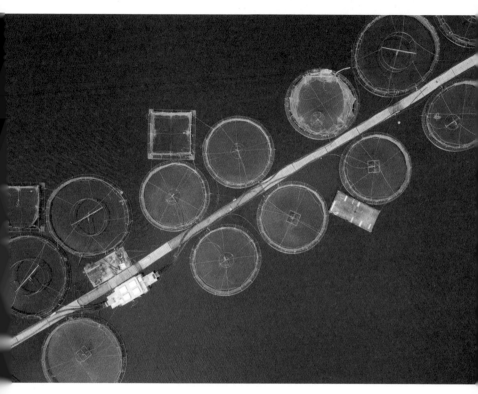

노르웨이의 바다에 설치된 연어 양식장.

A NETFLIX ORIGINAL DOCUMENTARY

SEASPIRACY

인간의 무분별한 어로 활동이 해양 생태계를 죽인다고 비판한 다큐멘터리 〈씨스피라시〉.

필리핀 등이 그 뒤를 잇습니다. 이 나라들이 수산업 대국이에요.

한국도 뒤처지지 않아요. 2018년에 325만 톤을 어획하거나 키워서 세계 12위 수산업 국가로 기록됐어요. 한국은 원양어업 강국이기도 합니다. 멀리 서아프리카에서 남극까지, 한국의 어선들은 세계의 바다를 돌며 우리에게 통조림으로 익숙한 가다랑어와 참치, 고등어를 포획하지요.

우리가 먹는 곡물과 채소, 과일은 대부분 인간이 직접 키워 낸 결실이에요. 나무를 베고 땅을 갈아엎어 농지를 만드는 행위는 야생의 자연을 파괴하는 일이지만, 그래도 곡물이나 채소는 사람이 해마다 키우지요. 하지만 수산물은 좀 달라요. 절반 이상이 자연에 있는 해양 생물을 인간이 포획해서 먹는 거예요. 바다나 강, 호수의 생명체

한국의 원양어업

한국의 원양어업은 1957년 참치잡이 배 '지남호'에서부터 시작됐다. 처음에는 남태평양의 사모아섬 주변에서 조업했으며, 그 후 대서양과 태평양 북부로 범위를 넓혀 갔다. 주요 어종은 참치, 오징어, 명태 등이다.

들은 오랜 시간 동안 진화를 통해 균형을 이뤄 왔어요. 그런데 사람의 숫자가 불어나고 어획량이 크게 늘면서 생태계는 심각한 타격을 입고 있습니다. 인간의 욕심으로 바다가 죽어 가는 현 상황을 비판한 다큐멘터리 〈씨스피라시Seaspiracy〉는 많은 이들에게 충격을 안겨 주었지요.

해양오염을 가속하는 인간의 어로 행위뿐 아니라 기후변화도 해양 생태계에 막대한 영향을 미쳐요. 저 멀리 남쪽의 일본 오키나와섬이나 대만 근처에서 살던 아열대성 어류들이 제주 바다로 올라옵니다. 바닷물이 따뜻해졌기 때문이지요. 2012년부터 국립수산과학원 제주수산연구소는 제주도 바다에서 아열대성 어류의 종류와 비율을 조사해 왔어요. 2000년대 이후 아열대성 어

류가 제주 근해에 서식하는 것으로 추정하는데, 지금은 전체 어종 40퍼센트가 이렇게 따뜻한 바다에서 올라온 물고기로 채워지고 있어요.

청줄돔, 가시복, 호박돔, 쥐돔 같은 아열대성 어류뿐 아니라 상어도 늘어났어요. 영화 〈조스〉의 주인공으로 유명한 백상아리는 따뜻한 바다에 사는데, 몇 년 새 부쩍 한반도 주변에 출몰하고 있어요. 1968년 이후 50년간 한반도 주변 해수 온도는 1.23도나 올랐습니다. 같은 기간에 전 세계 해수 온도가 0.48도 오른 것과 비교해도 한반도 주변의 온도가 훨씬 빨리 상승하고 있어요. 난류와 한류가 만나는 중위도 지역에 위치한 탓이 커요.

지구가 더워지면 해수 온도가 높아지고, 해수 온도가 높아지면 기후변화 속도가 더 빨라지지요. 바닷물이 데워지면서 한반도 주변 어류의 종류와 어획량이 급속도로 달라지고 있어요. 쉽게 말해 고등어 같은 난류성 어종의 양은 늘고 명태나 꽁치 같은 한류성 어종은 줄었습니다. 한국인이 먹는 대표적인 물고기 명태는 동해안의 수온이 올라가자 태평양 북쪽으로 옮겨 가고 있어요.

지구의 모든 바다가
비어 간다면

"2050년에는 식탁에서 생선이 사라진다."

이미 2010년에 유엔환경계획UNEP이 한 보고서에서 내놓은 경고입니다. 이 기구는 세계의 어획량과 수자원 이용을 조사한 보고서에서 이렇게 경고했어요. 세계 각국의 고깃배들은 북극해에서 남극 앞바다까지 지구의 바다를 뒤지며 물고기를 낚아 올리고 있어요. 특히 각국 정부의 어업 보조금을 받는 초대형 선단들이 온 바다를 계속해서 '싹쓸이'한다면 2050년에는 거의 모든 수산자원이 사라질 것이라고 유엔환경계획은 지적해요.

지구상에서 물고기가 모두 사라질 것이라는 말은 아닙니다. 정확하게는 세계인에게 익숙한 생선들이 줄어들어 그동안 자리 잡은 어업 구조가 무너질 것이라는 이야기지요. 그렇게 되면 아마 사람들은 예전엔 먹지 않았던 수산물을 먹거나 어업 방식을 바꿔야 할 거예요. 유엔은 이를 '어업의 붕괴'라고 표현합니다. 그렇게 되면 가장 크게 곤란을 겪는 것은 아프리카 등 저개발국의 가난한 사람들이에요. 세계 인구 가운데 10억 명은 살아가는 데 필요한 동물성 단백질 대부분을 소나 돼지 같은 동물이 아니라 생선으로 충당하는데, 이들이 영양소를 얻을 자원이 크게 줄어들기 때문이죠. 그래서 유엔과 환경단체는 부자 나라들이 어업보조금을 지원하는 정책에 반대해요. 정부가 주는 보조금 덕에 대규모 선단이 늘고 '적정 규모'를 훨씬 웃도는 배들이 세계의 바다에서 수산자원을 쓸어 간다는 거지요.

땅에는 국경이 있습니다. 정부와 환경단체는 열대우림을 파괴하고 멸종위기종을 남획하지 않도록 감시해요. 하지만 바다 대부분은 '모두의 것'입니다. 그래서 감시와 보호에 한계가 있어요. '멸종위기 야생 동식물의 국제무역에 관한 국제협약CITES'에 따라 환경단체들이 대서양 참치 교역을 금지하자고 주장했지만, 일본이 반대했던 일이 대표적인 예지요.

이런 문제의 대안으로 늘어나는 것이 양식업이에요. 연어에서 굴과 미역 같은 해조류까지, '물의 농업aquaculture'이라고 불리는 양식업은 우리에게 참 익숙하지요. 세계에서 매년 소비되는 수산물의 절반 정도가 양식으로 키워지니까요. 하지만 문제는 양식업 역시 기후변화에 민감하다는 거예요. 기후변화의 속도를 늦추지 않는다면 '식탁에서 생선이 사라질 것'이라는 유엔의 경고가 우리의 현실이 될 수 있습니다.

맛있는 연어의 이면에 항생제나 생태계, 기후변화라는 문제

어구 폐기물과 플라스틱 쓰레기 등 점차 심각해지는 해양오염의 주범은 인간이다.

가 숨어 있다니, 놀라는 사람도 있을 거예요. 하지만 우리 식탁 위의 이 음식들이 과연 어떻게 생겨나고, 어떤 과정을 거쳐 우리 에게 오고 있을까를 조금 더 생각해 보면 세상을 더 잘 이해하고, 더 좋은 방향을 고민하는 시간이 될 거예요.

'물의 농업', 양식업의 과제

노르웨이나 칠레는 연어 양식을 하는 나라로 유명하다. 그런데 앞으로는 한국에서도 양식 연어가 '생산'될 것이라는 전망이다. 최근 해양수산부는 '스마트 양식 클러스터 사업'이라는 이름으로 국내 수산물 생산을 늘리는 정책을 펼치고 있다. 2021년에 강원도의 연어 양식 사업이 이 공모를 통해 정부의 지원을 받게 된 것이다. 그동안 한국은 연어를 모두 수입해서 소비했는데 2025년에는 강원도에서 키운 양식 연어를 먹을 수 있을 것이라고 예측한다.

우선 강릉시 일대에 시험장을 만들고, 300억 원을 투입해 2024년까지 양식 기술을 연구한다. 그 뒤에 양양군에 100억 원을 더 들여서 '연어 배후 산업단지'를 만들고, 동원산업 등이 연어를 양식한다는 계획이다. 정부의 계산으로는 세계 반도체 시장의 규모가 67조 원인데, 연어 시장이 60조 원

에 이른다. 반도체만큼이나 연어 시장이 크기 때문에 세계의 소비를 노릴 수 있다는 제안이라고 한다.

강원도 양양의 남대천은 동해안을 떠돌던 한국의 야생 연어가 회귀하는 곳으로 유명하다. 그런데 앞으로 강원도의 양식장에서 주로 키우게 되는 것은 태평양 연어의 한 종류인 한반도 연어가 아니라 대서양 연어다. 정부와 지방자치단체에서는 연어 양식으로 수입 물량을 대체하고, 일자리 또한 새롭게 만들 수 있을 것이라 기대하고 있다.

강원도뿐만이 아니라 경상북도도 2021년부터 연어 양식을 미래 먹거리 산업으로 보고 양식장 시범 사업에 착수하기 시작했다. 정보기술과 인공지능, 사물인터넷, 빅데이터 등 4차산업혁명 기술을 사용한 '스마트 양식' 단지를 만들어 연어를 키울 계획이라고 밝혔다. 스마트 양식을 시행하면 양식장에서 멀리 떨어진 육지에서도 각종 시설을 운용할 수 있으며 물속 어패류의 상태도 실시간으로 확인할 수 있다.

이미 스마트 양식은 다른 어류의 양식장에 적용되고 있다. 이 양식을 통해 질병, 고수온, 적조, 환경 오염 문제 등의 극복 가능성이 커지리라는 기대감도 높다. 물론 반가운 소식이다. 하지만 '국내산 연어'를 맛있게 먹기 전에, 세계의 해양 생태계가 파괴되는 현실과 기후변화 문제의 진정한 해결 방법과 기술에 대해서도 다각도로 연구할 필요가 있다.

9장

망고

온대의 입맛을 사로잡은
노란 열대 과일

한국의 명절이 다가오면
필리핀이 바빠진다

퇴계 이황 종가의 다례상에는 멜론이 오른다. 고산 윤선도 종가는 제사상에 바나나뿐 아니라 오렌지도 올린다. 이상하거나 법도에 어긋나는 일이 아니다. 멜론, 바나나, 오렌지가 이상하다면 15~16세기에 들어온 토마토나 17세기 이전에 들어온 수박이 제사상에 오르는 것도 '법도에 어긋난 일'이다.

해마다 명절만 되면 온라인 커뮤니티에는 "제사상에 바나나나 망고를 올려도 되나요?"라는 문의가 올라오지요. 앞에 인용한 글은 벌써 2008년에 국내 언론에 실린 한 기사예요. 기사 제목은 이래요. '멜론이든 망고든 조상님은 기뻐하실 것.'

망고 주스, 망고 빙수, 망고 와플, 망고 스무디, 망고 타르트……, 여러분도 망고를 좋아하나요? 요즘은 심지어 추석 차례상에도, 제사상에도 망고가 올라가는 일이 흔해졌어요. 어느새 망고는 우리 곁에 자리 잡은 과일이 됐지요. 사과나 배 같은 토종 과일의 소비량이 여전히 많지만, 망고, 체리, 파인애플, 바나나 같은 수입 과일이나 국내에서 재배하는 열대 과일의 소비량은 갈수록 늘어나고 있습니다.

한국에 들어오는 망고는 대개 태국이나 필리핀에서 자란 것입니다. 하지만 요즘은 캄보디아, 인도 등에서도 수입하지요. 차례상이 아니더라도 명절에는 선물로 망고를 비롯한 과일 세트가 인기예요. 그래서 한국의 명절이 다가오면 필리핀의 망고 농장이 쉴 틈 없이 바쁘게 움직인다고 해요. 놀랍지요?

한국에 망고를 보내는 필리핀 민다나오섬의 풍경을 엿볼까요? 이 지역은 열대 과일을 연중 키울 수 있는 날씨인데다, 태풍 피해도 거의 없는 지역이라 망고 생산지로 유명해요. 새벽이면 농장에서 수출 공장으로 망고가 우르르 실려 가지요. 크기별로 분류된 망고는 컨테이너 증기실에서 '증열 처리'라고 부르는 과정을 거쳐요. 일종의 사우나처럼 증기로 망고를 소독하는 일이죠. 과육이 익지 않게 하면서 겉면의 숨구멍으로 열을 집어넣어 과일 속 병균과 해충을 죽이는 겁니다. 다시 찬물로 '샤워'한 망고는 상자에 넣어지고 컨테이너에 실려 한국으로 향합니다.

필리핀에서 망고가 바나나, 파인애플과 함께 주요 수출 작물이 된 것은 화약 원료인 질산칼륨으로 망고의 생산량을 높일 수 있다는 사실을 발견한 뒤라고 해요. 발명가이자 농업 연구가인 라몬 바르바Ramon Barba가 이 방법을 개발했고, 덕분에 더 빨리 꽃

망고 농장.

관세와 자유무역협정

외국에서 수입하는 물품에 매기는 세금을 '관세'라고 한다. 교역을 늘리기 위해 나라끼리 약속해서 관세를 없애거나 줄이는 약속을 자유무역협정이라고 한다.

을 피워 망고가 더 빨리 열리게 할 수 있었어요. 그 덕에 멀리 온대 지방에 사는 한국인들도 사철 내내 망고를 먹을 수 있게 된 것이지요.

망고 수입 가격이 하락한 것도 우리가 망고를 많이 먹게 된 중요한 요인이었어요. 한국과 필리핀의 농산물 수출입국 사이에 체결된 자유무역협정FTA이 큰 영향을 미쳤지요. 하지만 반갑기만 한 일은 아니에요. 당장 한국의 농가들이 값싼 수입 과일과 경쟁하는 처지가 되었으니까요. 또 하나의 문제는 이렇게 쏟아져 들어오는 열대 과일을 직접 키우는 현지 농민에게 돌아가는 수익이 적다는 거예요.

망고 농장의 주인들은 땅을 가진 농민이에요. 그런데 그들은 농장의 주인임에도 '망고의 주인'은 아닌 경우가 많아요. 망고를 키우는 데는 성장을 빠르게 하기 위한 질산칼륨을 비롯해 농약과 비료가 많이 들어가요. 이런 화학약품 비용이 거의 생산비의 70퍼센트를 차지해요. 비료와 농약값을 대기 힘든 농장 주인들은 '스프레이 업자'라고 불리는 사람들에게 망고를 맡겨요. 말 그대로 스프레이에 농약과 비료를 넣어 뿌려 주는 사람들이죠. 스프레이 업자들은 바이엘Bayer이나 듀폰DuPont 등 유럽과 미국의 거대 다국적 기업이 만든 농약을 뿌려 주며 나무에 달린 망고를 관리해요. 그 대가로 이들이 망고를 팔아 번 돈의 대부분을 가져가고 나면 실제로 농장 주인들에게 떨어지는 몫은 25퍼센트 정도밖에 안 된다고 해요.

> **농업 기업**
>
> 미국의 카길, 타이슨 푸즈, 브라질의 JBS 같은 회사는 세계 곳곳에 농장을 두고 종자와 농산물, 축산물, 육류 가공품을 생산해 판다. 이런 거대 농업 기업을 '애그리비즈니스(Agribusiness)'라고도 한다.

인도에서 브라질까지, 교역의 역사가 담긴 망고 이야기

망고는 달콤하고 부드러운 노란 과육 안에 단단한 씨가 들어 있어요. 망고나무는 키가 30~40미터까지 자라고 300년 넘게 살기도 해요. 땅속 6미터 깊이까지 뿌리를 박고 선 망고나무는 아프리카 등 열대지방에서는 마을의 중심입니다. 망고나무 아래에서는 주민들이 평상에 모여 회의하고 아이들이 뛰놉니다. 망고는 사시사철 잎으로 덮인 상록수이지만 한 뼘이 넘는 커다란 이파리의 색깔은 자라면서 바뀌어요. 봄여름엔 파랗다가 가을에 단풍이 드는 한국의 낙엽수와는 달리, 망고 이파리는 오렌지색이다가 자라면서 점점 빨갛게 물들고 다 자라면 짙은 녹색으로 바뀌어요. 열매가 다 익는 데는 보통 너덧 달이 걸리다 보니, 열대지방의 망고나무는 한 그루에서 연중 두 차례 수확을 할 수도 있어요.

야생 망고의 원산지는 인도를 비롯한 남아시아 지역이에요. 망고를 찾아보면 인도와 파키스탄의 '국민 과일'이라는 설명이 나와요. 대표 품종 '망기페라 인디카mangifera indica'는 말 그대로 '인도의 망고'라는 뜻이에요. 인도 일대에서 마우리아제국을 다스린 아소카왕의 칙령에도 '길가에 망고나무를 심으라'라는 구절이 나올 정도지요. 인도와 파키스탄에서 갈라져 나온 방글라데시는 망고나무를 국가의 상징 나무로 삼고 있어요.

인도와 동남아시아에서 망고를 재배하기 시작한 때는 수천 년 전으로 거슬러 올라가요. 인도양을 건너 아프리카 대륙으로 퍼진 것은 약 3,000년 전으로 추정됩니다. 14세기에 모로코 여행가 이븐 바투타Ibn Batutta는 이집트, 이라크, 사우디아라비아 등을 거쳐 멀리 중국과 인도네시아의 수마트라섬까지 여행했는데, 그가 남긴 여행기에도 망고가 등장해요.

2019년 기준으로 전 세계에서는 5,600만

『이븐 바투타 여행기』

14세기에 북아프리카의 모로코 출신인 이븐 바투타는 아라비아반도와 인도, 아프리카, 중국까지 약 12만 킬로미터에 이르는 여정을 여행한 후, 유명한 여행기를 남겼다.

출하를 앞둔 망고.

톤의 망고가 생산됐어요. 세계에서 망고를 가장 많이 키우는 나라는 인도예요. 세계 생산량의 거의 절반이 인도에서 나오지요. 하지만 인도에서 자란 망고는 거의 전부 자국 내에서 소비하기 때문에 수출은 1퍼센트 정도에 그쳐요. 두 번째 생산국은 인도네시아, 세 번째는 중국이에요. 스페인 남부의 안달루시아 지방이나 미국의 플로리다주와 캘리포니아주에서도 많이 키우지요.

인도인은 이 과일을 알폰소 등 여러 이름으로 부릅니다. 그런데 이 과일이 세계에서 망고라는 이름으로 불리게 된 배경에는 세계 교역의 역사가 깔려 있어요. 원래는 인도 남부의 타밀어로 '망카이'라는 이름으로 불렸는데 이것이 오늘날의 말레이시아 지역으로 가면서 '망가'라고 짧아졌고, 15~16세기에 포르투갈 상인들을 통해 망고라는 이름이 퍼지게 된 것으로 추정하지요.

16세기에 포르투갈 상인은 자신들의 식민지였던 브라질로 망고를 가져갔어요. 17세기에는 중남미의 스페인 식민지 지역으로도 망고가 퍼졌는데, 당시 사람들은 냉장고가 없었기 때문에 망고를 절여서 피클로 만들어 저장했어요. 그래서 남미에서는 망고가 과일 절임을 가리키는 명사로도 쓰였지요.

15~16세기를 거치면서 망고는 이란과 중앙아시아로도 옮겨 갔어요. 중국에서도 일찍부터 재배했지만, 망고가 '역사적인

과일'이 된 사건이 하나 있어요. 1968년에 파키스탄의 외교장관이 중국을 방문해 당시 공산당 주석이었던 마오쩌둥에게 망고를 선물했어요. 마오 주석은 이 망고를 먹지 않고서 자신의 추종자들, 공산당 간부들과 몇몇 공장에 나눠 주었지요. 당시 중국에서는 문화대혁명이란 공산주의 사상 운동이 한창 벌어지고 있었어요.

마오 주석이 하사한 '황금 망고'는 숭배의 대상이 되었어요. 몇몇 공장에서는 망고를 잠시 집어넣은 물을 마시며 마오 주석을 찬양했고, 방부제인 포르말린에 담가 망고를 박제해 전시물로 남긴 곳도 있었어요. 어떤 지역에서는 망고를 받은 날에 축제를 열었고, 중국 곳곳에는 플라스틱 망고 모형이 전시됐답니다. 그야말로 망고가 충성심의 표상이 된 거지요.

중국 망고 숭배 포스터의 일부.

바나나 공화국과
열대 과일을 지배하는 '농업 제국'

칠레의 시인 파블로 네루다 Pablo Neruda가 쓴 「라 유나이티드 프루트 코 La United Fruit Co.」라는 시가 있어요.

이 과일 회사, 그 자체로 풍요로운 내 나라의 한가운데,
아메리카 대륙의 섬세한 허리에 영토를 다시 세웠네
위대함과 자유의 깃발을 이 땅에 가져온 죽은 이들,
안식처를 찾지 못한 영웅들의 머리 위에 바나나 공화국을 만들었네

거칠게 번역하면 이런 내용이에요. 사실 바나나라는 열대 과일의 이면에는 교역의 역사뿐 아니라 제국주의와 독재의 비극적인 역사도 숨어 있어요. 네루다가 말한 '바나나 공화국 Banana Republics'은 과거 중남미에서 미국의 거대 농업 기업의 지원을 받아 독재정권이 집권했던 나라들을 지칭하는 단어입니다. '라 유나이티드 프루트 코'는 20세기 초반 온두라스 등 중남미 국가에서 군부 독재정권에 줄을 대고 거대한 플랜테이션 농장을 만들어

농민과 노동자를 착취한 과일 회사 가운데 하나였어요. 지금은 치키타 브랜즈 인터내셔널Chiquita Brands International로 이름이 바뀌었지요. 1990년대 이후 시장 1위 자리를 역시 미국 기업인 돌Dole에 빼앗겼지만, 1960년대에는 세계 바나나의 3분의 1이 이 미국 회사 브랜드로 팔렸답니다. 바나나 공화국

은 그런 미국 기업에 휘둘리는 나라들을 비꼬는 용어였던 거지요.

전 세계의 비판과 현지 주민의 저항 속에 바나나 공화국에서도 민주화가 시작되고 이전처럼 무법자 같은 횡포는 사라졌어요. 그러나 거대 농업 기업에 농민이 종속되는 현실은 여전합니다.

앞서 필리핀 민다나오섬의 망고 농장 이야기를 했지요. 열대 과일 산업은 노동집약적입니다. 누군가가 비료를 주고, 농약을 치고, 손으로 열매를 따고, 씻고, 포장해야 하죠. 필리핀은 값싼 노동력 덕에 '세계의 망고 농장'으로 발돋움하고 있지만, 망고는 일자리를 주는 동시에 필리핀을 점점 더 옭아매는 족쇄가 되고 있습니다. 수출 상품을 우선으로 재배하니 농장은 점점 규모가 커지는 반면, 소농들이 설 자리는 줄어듭니다. 재배 품종은 망고 따위의 열대 과일로 단순화되고, 병충해가 심해져요. 농업 생

거대 '바나나 기업'은 중남미 주민과 노동자의 노동력을 이용했고, 이들 나라의 정치까지 좌지우지했다.

태계의 다양성이 사라지는 거예요. 그러다 보니 농민들은 농약과 화학비료에 점점 의존합니다. 농약과 화학비료는 미국과 유럽의 거대 농업 기업이 생산하지요. 과일 또한 치키타나 돌 같은 다국적 기업에 수출을 상당 부분 의존해야 해요.

좋다 나쁘다 딱 잘라 말할 수는 없지만, 최근 한국인의 입맛은 점차 '아열대화'되는 것 같습니다. 기후변화로 기온이 올라가면서 전남의 따뜻한 지역에는 파파야 농장이 생기고 있어요. 예전에 우리에게 열대 과일은 '제주도 바나나'뿐이었는데, 이제는 파파야, 공심채, 오크라, 구아바, 패션프루트 같은 열대 과일과 채소 작물이 제주도와 전남, 경남 등 남부 지방에서 재배됩니다. 국내 수요가 늘어난 것은 동남아시아에서 온 노동자들이 늘어난 일도 관련 있어요. 채소나 과일 농장에서 일하는 일꾼 대부분이 이주 노동자이기 때문이죠. 시골 마을마다 '아시안 마트'가 있어서 열대 식자재와 태국 조미료를 팔아요.

이렇게 기후변화와 다른 요인이 겹치면서 국내 농업의 지도가 점차 바뀌고 있어요. 농촌진흥청에 따르면 한국의 경지 가운데 아열대 작물을 재배할 수 있는 농지는 10퍼센트 정도예요. 하지만 2080년이 되면 전체 경지 면적의 60퍼센트 이상이 아열대 지역이 될 것이라고 해요. 사과, 복숭아, 포도, 감귤 주산지는 남부 지방에서 충북과 강원도로 올라갔고, 그 자리를 아마 아열대 작물이 채우겠지요.

날씨가 바뀌고 사람들이 옮겨 다니고, 생태계가 바뀌니 우리의 식탁도 그에 맞춰 달라지고 있습니다. 21세기도 이미 20년이 지났어요. 앞으로 지구 기온이 더 많이 올라가고 기후가 바뀌면 세계 식량 지도는 어떻게 바뀌게 될까요? 우리의 식량과 먹거리는 그때도 안전할까요?

♪ '부국富國의 온실'이 된 가난한 나라들 ♪

많은 부자 나라들이 다양한 이유로 해외에 농장을 세우고 있다. 특히 2000년대 후반 세계 식량위기 이후, 걸프 국가들은 안정적인 식량 수급을 위해 곡식을 수입하는 대신 해외에 농장을 만들기 시작했다. 그중 특히 곡물 생산에 적극적인 사우디아라비아가 대표적이다.

아프리카 에티오피아의 아와사 지역에는 최첨단 온실이 있다. 여기서 키우는 농산물을 먹는 것은 에티오피아인이 아니라 수천 킬로미터 떨어진 사우디아라비아인이다. 아와사의 농민들이 상품을 따서 나무 상자에 담아 냉장실에 넣고 수도인 아디스아바바까지 트럭으로 실어 나르면 거기서부터는 비행기를 이용해 신선한 농산물을 수송한다.

이런 최첨단 온실은 중동 석유 부국 기업가들의 소유다. 종자와 비료, 자동화된 관개 기술은 네덜란드나 스페인 같은 유럽 국가에서 온 것이다. 건

조한 기후 때문에 늘 식량 불안을 안고 있는 산유국들이 상대적으로 가난한 에티오피아 같은 나라의 정부와 계약해 대규모로 토지를 빌려 자신들의 온실로 만든 것이다. 미국 기업이 농업대학이나 농업 기관과 손잡고 아프리카의 땅을 헐값에 임대해 농사를 짓기도 한다.

가난한 나라 정부가 외국 기업의 돈을 받아 그것으로 자국민을 위한 투자를 한다면 문제가 없겠지만, 이런 거래로 인한 이익은 대부분 빈국의 부패한 관료의 주머니로 들어가기 일쑤다. 가뜩이나 힘없는 주민들이 그 나라의 자원에서 나오는 수익조차 누리지 못하는 것이다. 부자 나라들은 신선한 채소와 과일뿐 아니라 물 문제와 연료 문제까지 가난한 나라에 돈을 내고 땅과 값싼 인력을 사들여 해결하고 있다.

이런 행위를 어떤 이들은 '땅 뺏기 land-grabbing'라고 부른다. 한국 기업도 이런 비판에서 자유롭지 않다. 2008년에 한국 기업이 아프리카 동쪽 섬나라 마다가스카르의 농지 절반을 99년간 빌리기로 하는 계약을 체결했는데, 영국 언론을 통해 이 사실이 알려지면서 마다가스카르에서는 반정부 시위가 거세게 일어났고 결국 정권이 뒤집힌 일도 있었다.

10장

초콜릿

세계를 매혹시킨 달콤한 맛

전 세계에서 사랑받는 연인의 음식

〈찰리와 초콜릿 공장〉이란 영화를 본 적이 있나요? 영국 작가 로알드 달Roald Dahl의 동화를 토대로 한 작품이지요. 작고 낡은 집에서 사는 소년 찰리는 초콜릿을 너무나 좋아해요. 그의 꿈은 커다란 초콜릿 공장 구경하기예요. 황금 입장권을 기적적으로 얻어 드디어 공장 안으로 들어간 찰리의 눈앞에 상상도 못한 광경이 펼쳐지지요. 드넓은 공장 안 거의 모든 것이 색색의 초콜릿이에요. 그중 압권은 거대한 초콜릿 폭포! 초콜릿을 좋아하는 사람들에겐 이곳이 바로 천국이죠.

초콜릿은 세계에서 가장 사랑받는 음식 중 하나예요. 2019년 1년간 전 세계인이 먹은 초콜릿 양은 무려 770만 톤이에요. 어느 나라 사람들이 초콜릿을 가장 좋아할까요? 바로 스위스예요. 스위스 국민 1명이 1년간 먹은 초콜릿 양은 무려 8.8킬로그램(2017년 기준)입니다. 시멘트 벽돌 1개 무게가 약 2킬로그램이니, 스위스 국민 1명이 1년간 시멘트 벽돌 4개 조금 넘는 무게의 초콜릿을 먹은 셈이죠. 2위는 오스트리아, 3위는 독일, 4위 영국, 5위 벨기에 순입니다. 모두 유럽 국가네요. 그만큼 유럽인이 초콜릿을

멕시코의 카카오 농장에서 열매를 수확하는 모습.

사랑하고, 유럽의 초콜릿 역사와 문화가 길고 깊다는 의미겠지요.

인류는 언제부터 초콜릿을 먹게 됐을까?

지구상에서 초콜릿을 가장 처음 먹은 사람들은 멕시코인이에요. 지금으로부터 약 4,000~3,500년 전 멕시코에는 올멕문명이 있었어요. 마야문명, 아스테카문명, 잉카문명이 존재하기 훨씬 전입니다. 고고학자들이 멕시코

말린 카카오 열매 씨앗.

해안 도시에서 기원전 1750년경에 만들어진 것으로 추정되는 질그릇을 발굴했는데, 조사 결과 질그릇 안에서 초콜릿 성분이 발견됐어요. 무려 4,000여 년 전부터 초콜릿을 먹었던 것이죠.

초콜릿은 카카오나무 열매 씨앗으로 만들어요. 열매 하나에 20~50개의 씨앗이 들어 있는데, 이것을 발효시켜 말리면 갈색을 띠면서 우리가 아는 독특한 초콜릿 향기를 풍겨요. 이 씨앗을 카카오콩이라고 하는데, 빻아서 물에 타 코코아 음료를 만들거나

우유와 설탕과 섞어 초콜릿을 만들지요.

카카오 열매의 겉모습만 보면, 어떻게 이걸 먹을 생각을 했을까 궁금해져요. 열매는 맛이 없거든요. 아마 카카오나무 열매가 익어 저절로 떨어진 다음, 갈라진 틈 사이로 드러난 씨앗이 발효되면서 풍기는 독특한 향기를 맡은 사람들이 시험 삼아 먹어 볼 생각을 한 게 아닐까요?

마야인, 아스텍인과 잉카인도 초콜릿을 숭배했어요. 초콜릿이란 단어는 마야어에 뿌리를 두고 있어요. 그런데 그들이 먹었던 초콜릿은 오늘날 우리가 아는 초콜릿의 맛과는 아주 달라요. 카카오콩으로 만든 가루의 향기는 좋지만, 그냥 먹으면 너무도 쓴맛이 나요. 그들은 쓴맛 나는 이 음료를 왜 마셨을까요?

해답은 카카오콩 또는 초콜릿의 성분 안에 있어요. 초콜릿에는 500가지가 넘는 성분이 있다고 해요. 대표적인 게 바로 테오브로민인데, 초콜릿의 독특한 쓴맛과 향은 이것 때문이에요. 카페인도 함유되어 있어요. 두 가지 다 각성 효과가 있지요. 개에게 초콜릿을 절대로 먹이면 안 되는 이유가 바로 테오브로민 때문이에요. 개는 테오브로민 분해 능력이 없거든

카페인과 각성 효과

카페인은 혈류를 타고 심장 박동과 혈압을 상승시키며, 뇌에서 피곤한 신경을 쉬게 하는 물질인 아데노신의 작용을 방해해 졸음과 피로를 잊게 한다.

스페인 침략자 코르테스의 군대를 맞이하는 아스테카왕국의 몬테수마왕을 표현한 그림.

요. 그러니 개에게는 달콤한 초콜릿이 위험한 독극물이나 다름없답니다.

고대 멕시코인은 카카오콩의 가루를 물에 타 먹으면 각성과 피로 회복 효과가 있다는 사실을 알았고, 카카오콩을 아주 소중히 생각했어요. 워낙 비싸 아무나 마실 수 없는 귀한 음료이자 제사를 지낼 때 신에게 올리는 음료였지요. 몬테수마 왕은 이 비싼 음료를 하루에 50잔씩 마셨을 만큼 열렬한 애호가였어요. 1519년 스페인의 탐험가이자 정복자로 악명 높은 에르난 코르테스Hernán Cortés가 아스테카왕국에 도착했는데, 카카오콩을 화폐로 사용하는 것을 보고 얼마나 중요한 물건인지 알아챘다지요. 당시 카카오콩 1개로 다진 고기로 속을 채운 옥수수빵 1개를 사 먹었고, 100개로 칠면조 1마리를 살 수 있었다고 해요. 아스텍인은 생전 처음 보는 서양인을 환영한다면서 금 술잔에 귀한 초콜릿 음료를 담아 대접했어요.

초콜릿은 아스테카왕국을 무너뜨린 코르테스를 통해 스페인에 본격적으로 전해졌어요. 한때 교황청이 초콜릿 금지령을 내린 적이 있었는데, 초콜릿이 "지나치게 매력을 끌고 흥분을 유발한

아스테카왕국
🔲🔲🔲🔲🔲🔲🔲
1200년부터 1521년까지 멕시코 중부 지역을 지배한 왕국이다. 세력이 가장 강했을 때는 중앙아메리카 일부까지 다스렸다. 1521년 코르테스가 이끄는 스페인 군대에 의해 멸망했다.

다"라는 이유였지요. 하지만 교황 비오 5세는 직접 초콜릿을 마신 뒤 "이렇게 맛없는 것이 습관이 될 리 없다"라면서 초콜릿 금지령을 풀었어요. 당시만 해도 초콜릿에 설탕을 넣어 먹는 방법은 퍼지지 않았으니 원액 그대로 마셨던 모양이에요. 하지만 점차 초콜릿에 설탕과 꿀, 우유를 타서 달달하고 부드럽게 만들어 마시는 방법이 등장했고, 17세기 초에는 유럽 상류층 사이에서 초콜릿이 선풍적인 인기를 끌게 됩니다.

아메리카 대륙이 전파한 여러 가지 식량

여기서 잠깐, 초콜릿 이외에 아메리카 대륙이 세계에 전파한 식량을 알아볼까요?

우선 옥수수가 있어요. 멕시코가 원산지인데, 약 1만 년 전부터 경작한 것으로 알려져 있어요. 옥수수를 최초로 본 유럽인은 바로 콜럼버스였어요. 1492년에 콜럼버스 탐험대는 아메리카 대륙에 상륙했고, 그곳에서 옥수수란 신기한 식물을 발견합니다. 콜럼버스는 옥수수의 노란 알갱이에 완전히 반했어요. 옥수수 알갱이를 '순금의 열매'라고 불렀고, 원주민들에게서 받은 옥수수를 유럽으로 가지고 갔지요. 이후 옥수수가 전 세계로 퍼져 나갔습니다. 우리나라에는 중국에서 건너온 것으로 알려져 있어요. 이름도 중국어의 위수수玉蜀黍에서 유래해, 한자의 우리식 발음인 옥수수가 되었다고 해요.

감자와 고구마도 아메리카 대륙이 원산지예요. 감자의 원산지는 남미 안데스 지역인 페루와 북부 볼리비아예요. 워낙 환경 적응력이 뛰어나, 추운 고산지대부터 건조하고 더운 지대까지 다양한 곳에서 재배되지요. 감자는 16세기 후반에 스페인을 통해 유럽으로 본격적으로 유입됐는데, 처음에는 그리 많이 재배되지 않다가 18~19세기에 인구가 크게 늘면서 저렴하고 실용적인 농작물로 각광받게 되었어요. 특히 영국에 수탈당하던 아일랜드에서는 감자를 주식으로 많이 재배했는데, 19세기 말에 감자역병이 돌아 생산량이 급감하자 수많은 사람이 굶어 죽었어요. 먹을 음식이 없어 배를 곯은 아일랜드인이 대거 미국으로 이주하게 된 게 바로 이때입니다. 감자는 1824~1825년(순조 24~25년)경에 조선에 산삼을 찾기 위해 숨어 들어온 청나라인들이 식량으로 몰래 경작하면서 한반도에 들어왔다고 해요.

감자, 조선에 오다

감자는 수십 년 사이에 조선 곳곳에 보급되었으며, 양주·원주·철원 등지에서는 흉년에 감자로 굶주림을 면할 수 있었다고 한다.

감자를 수확한 남미의 농부들이 마을로 가고 있다. 감자, 고구마, 토마토, 고추 등 무수히 많은 작물이 중남미 대륙에서 전해졌다.

고구마 역시 콜럼버스가 아메리카 대륙에 건너간 이후에 스페인을 거쳐 유럽과 아시아 등으로 퍼져 나갔어요. 고구마는 16~18세기에 유럽이 동쪽으로 진출하는 과정에서 아시아로 전파됐다고 해요. 1800년대에 들어서면서 고구마는 우리나라에서 널리 재배되기 시작한 것으로 추정해요.

이 밖에 담배, 호박, 땅콩, 해바라기, 토마토, 고추도 아메리카 대륙이 전 세계에 준 선물입니다. 특히 우리의 관심을 끄는 것은 고추가 아닐까요? 김치의 필수 양념이 바로 고춧가루잖아요. 김치 말고도 고춧가루가 들어가는 한국 음식이 많고요. 고추는 16세기 중반에 포르투갈 상인들이 일본에 들여와 전했고, 17세기 초에 다시 우리나라로 전해졌어요.

초콜릿의 다양한 변화, 공정 초콜릿으로의 재탄생

오늘날 같은 고체형 초콜릿이 만들어진 것은 네덜란드 초콜릿 생산업자 코엔라드 판 하우텐Coenraad Van Houten의 발명 덕분이었어요. 1815년 그는 암스테르담에 초콜릿 공장을 열고, 아메리카 대륙으로부터 가져온 카카오콩을 볶아 곱게 빻아서 카카오 가루를 생산했어요. 이 가루를 압착해 유지방, 즉 카카오 버터를 빼내는 방법도 처음 발명했지요. 카카오 버터를 빼낸 다음 나머지를 가루로 만든 게 코코아 가루예요. 판 하우텐이 카카오 버터 추출법을 발명한 덕에 다양한 초콜릿 가공품을 만드는 길이 열린 거지요. 오늘날 우리가 아는 진한 초콜릿 색깔과 부드러운 맛은 그의 발명 덕분이에요.

19세기에 들어 영국에서 코코아 가루에 설탕과 카카오 버터를 가해서 고체 초콜릿을 성형하는 방법을 선보였고, 곧 스위스에서 우유 분말을 첨가한 밀크 초콜릿이 처음 만들어졌어요. 밀크 초콜릿의 탄생에는 스위스의 식품업자 앙리 네슬레^{Henri Nestlé}의 도움이 컸어요. 이후 다른 초콜릿 생산업자와 네슬레가 의기투합해 회사를 세우죠. 회사 이름은 바로 '네슬레'입니다. 이 회사는 오늘날까지 유럽에서 가장 큰 식품 회사이자 초콜릿 회사로 명성을 이어 가고 있지요.

영국과 미국에서도 초콜릿 회사가 세워졌어요. 그리고 19세기 말부터 더 많은 초콜릿 제조사들이 생기면서 초콜릿의 대량 생산 시대가 본격적으로 펼쳐지게 됩니다.

현재 세계 최대 초콜릿 회사는 M&M으로 유명한 미국의 마르스^{Mars}예요. 국제코코아기구^{ICCO}에 따르면, 2019년에 마르스는

쿠키, 케이크, 초콜릿 바, 파이, 디저트…… 세계의 다양한 초콜릿 제품.

180억 달러 매출로 세계 초콜릿 업계 1위를 차지했어요. 2위는 황금색 포장의 페레로 로셰로 유명한 룩셈부르크와 이탈리아 합작 회사 페레로Ferrero예요. 3위는 초콜릿 쿠키 오레오를 생산하는 미국의 몬델레즈 인터내셔널Mondelez International, 4위는 일본의 메이지Meiji, 5위는 미국의 허시Hershey 순입니다. 우리나라의 오리온 제과는 10위에 올랐지요.

오늘날에는 워낙 다양한 초콜릿 제품이 생산되는데 종류를 구분하는 기준이 있어요. 국제식품규격위원회CODEX는 초콜릿 또는 다크 초콜릿에 카카오 고형분 35퍼센트 이상, 카카오 버터 18퍼센트 이상이 들어가야 한다고 정했어요. 그런데 이것은 국제 권고 기준이고, 나라마다 기준이 조금씩 달라요. 우리나라 식품의약품안전처에 의하면, 카카오 고형분 함량 30퍼센트 이상, 카카오 버터 18퍼센트 이상이 들어가야 초콜릿입니다. 국제 기준보다 함량 기준이 조금 낮아요.

예전에는 유럽이나 미국을 여행하고 돌아와서 주변에 초콜릿을 선물하는 일도 많았어요. 초콜릿이 한 국가의 상징이자 특산물로도 인식되었기 때문이죠. 음식문화에 유입된 이래, 초콜릿의 쓰임은 시대마다 지역마다 조금씩 바뀌어 왔습니다. 요즘도 졸업식이나 입학식, 밸런타인데이, 생일 등에 초콜릿을 선물하는 일은

공정 초콜릿 인증 표시가
붙은 초콜릿 제품.

흔해요. 이때 초콜릿은 사랑, 감사, 우정의 상징으로 교환되지요.

초콜릿 하면 또 같이 이야기되는 주제가 있는데, 바로 공정무
역Fair trade입니다. 생산자와 사업자가 동등한 위치에서 거래하는
무역이고, '상생', 즉 '함께 잘살기'라고도 하지요. 생산자가 저임
금 등 일방적으로 불리한 조건으로 피해를 당하지 않도록 하고,
사업자는 생산자에게 정당한 가격을 지급해 좋은 원료를 확보할
수 있다는 장점이 있어요. 초콜릿 생산 업계에서도 이 공정무역
이 중요한 쟁점이에요. 왜냐면 카카오 농장에서 특히 어린이들이
노동 착취를 당하는 일이 자주 벌어지기 때문이지요.

국제사회가 '아동노동 착취 없는 초콜릿' 운동을 추진한 것은

2001년 코트디부아르 등 서아프리카에 산재한 카카오 농장의 비참한 현실이 각국 언론에 집중적으로 보도되면서부터예요. 인권운동가와 시민단체의 지난한 노력 끝에 '공정 초콜릿' 인증 제도가 도입되었어요. 또한 초콜릿 업계의 대표 주자인 허시, 마르스, 크라프트, 네슬레 등 다국적 기업은 2020년까지 카카오 농장의 아동노동을 70퍼센트 줄이기로 약속했지요.

이런 공정무역의 결과로 생산된 유명한 공정 초콜릿 제품도 있어요. 아프리카 가나의 카카오생산자조합이 최대 주주인 사회적 기업 디바인Divine이 생산하는 디바인 초콜릿이 대표적이지요. 독일의 공정무역 회사 게파Gepa가 생산하는 초콜릿도 유명해요. 우리나라에서도 공정무역 초콜릿을 구매할 수 있답니다. 지난 2017년 한살림과 대학생협, 두레생협, 행복중심생협 등이 생산자의 자립, 가치 소비를 확장하기 위해 피티쿱PTCoop, People's Fair Trade Co-op이라는 협동조합을 만들었어요. 피티쿱은 '민중의 공정무역 조합'이란 뜻이에요. 바로 여기서 독일의 게파 초콜릿 등을 판매하고 있어요.

공정무역 초콜릿은 일반 초콜릿보다 조금 비싼 게 사실이에요. 하지만 우리가 산 초콜릿으로 생산자의 자립과 삶을 도울 수 있는 데다 제품의 질까지 훨씬 더 좋다면, 그 맛은 더욱 달콤하겠지요?

아동노동과 공정무역

카카오의 원산지는 아메리카 대륙이다. 하지만 현재는 서부 아프리카에서 많이 경작되고 있다. 가나와 코트디부아르 등 아프리카 국가에서 생산된 카카오콩이 전 세계 생산량의 70퍼센트 이상을 차지한다.

2020년 10월에 미국 시카고대학교 전국여론조사센터NORC가 발표한 자료에 따르면, 2018~19년 가나와 코트디부아르에서는 무려 156만 명의 어린이가 카카오 농장에서 노동하고 있다. 이 수치는 전 세계적으로 카카오 생산량이 증가함에 따라 10년 전보다 14퍼센트나 증가한 것이다. 어린이 중에는 납치되거나 팔려 온 예도 있다. 한창 배우고 자라날 나이의 아이들이 학교 공부를 하지 못하는 것은 물론이고, 제대로 쉬지도 못하면서 학대받는 일도 벌어지는 것이다. 이 아이들은 매일 카카오 열매를 따는 노동에 시달리

지만, 정작 달콤한 초콜릿은 먹어 보지도 못한다.

인권단체들은 전 세계적으로 '공정 초콜릿' 인증 표시를 붙일 수 있는 초콜릿 생산량이 전체의 1퍼센트도 채 못 되는 것으로 추정하고 있다. 거대 식품 기업 네슬레는 심지어 코로나19와 기후위기로 개발도상국의 농업이 어려워진 2020년 6월에, 공정무역 원료의 구매를 중단하겠다고 선언하기까지 했다. 대신에 네슬레는 카카오 구입은 '열대우림 동맹 인증Rain Forest Alliance' 원료를, 설탕은 비트에서 추출한 영국산을 쓰겠다고 밝혔다. 네슬레가 자사의 내부 인증 체계인 '코코아 라이프Cocoa Life'를 지키겠다고 약속했지만, 얼마나 잘 지키는지 객관적으로 검증하기는 어렵다는 지적이 많다.

11장

씨앗 창고
북극에 보관된 생명의 미래

후대에 물려줄
'인류의 방주'

노르웨이 북쪽 스발바르 제도에는 스피츠베르겐이란 작은 섬이 있습니다. 거기서 북쪽으로 1,300킬로미터 더 올라가면 북극이지요. 면적의 60퍼센트가 빙하인 스발바르제도는 '지구상에서 가장 메마르고 척박한 곳'입니다. 10월 하순부터 다음 해 2월 중순까지 약 4개월간 해가 뜨지 않고 캄캄한 밤이 이어집니다.

스피츠베르겐섬의 바위투성이 산 중턱에는 푸른빛 유리로 장식된 상자 모양의 콘크리트 건축물이 세워져 있어요. 바로 '스발바르 국제종자저장고 Svalbard Global Seed Vault'로 들어서는 입구랍니다. 문을 열면 긴 터널이 나오고, 약 130미터 걸어 들어가면 영구동토층(2년 이상 평균 온도가 0도 이하인 땅)에 만들어진 창고 3개가 나옵니다. 소행성 충돌에도 견딜 수 있는 강력한 내진 설계에, 4중 철문이 있고, 늘 영하 18도로 유지되는 땅굴 창고이지요.

대체 무엇을 보관하는 창고일까요? 그 주인공은 바로 씨앗입니다! 전 세계 1,750개 종자은행이 맡긴 종자 표본, 즉 씨앗들이 잠들어 있어요. 2020년 기준으로 100만 종 이상, 약 5억 개의 표본이 블랙박스에 담겨 보관되는 것이지요. 단, 유전자 변형GM 종

자는 들어올 수 없어요. 한번 들어온 종자 블
랙박스는 보관을 요청한 국가의 허가가 없이
는 절대 열어 볼 수 없습니다.

우리나라 토종 종자도 당연히 이곳에 보
관되어 있어요. 2008년 우리나라는 아시
아 국가로는 처음으로 토종 종자 33종, 약
1만 3,000개 표본을 맡긴 데 이어 2020년
에는 21종, 약 1만 개의 표본을 다시 맡겼어요. 벼, 보리, 귀리, 녹
두, 밀, 강낭콩, 팥, 호밀 등의 씨앗이 이 저장고에 있답니다. 농촌
진흥청은 스발바르 국제종자저장고에 우리의 토종 씨앗을 맡긴
이유에 대해 "소중한 국가 자산이며 후대에 물려줄 유산인 농업
유전자원을 국내외에 분산·중복으로 보존해 천재지변 등 만약의
사태로 인한 자원 소실을 예방하고, 농업생명 산업의 기반 소재
로 활용 가치가 높은 유전자원을 안전하게 보존하기 위해서"라
고 설명했어요.

스발바르 국제종자저장고는 1984년 북유럽유전자은행이 영
구동토층에 있는 폐탄광에 씨앗을 보관하기 시작한 것이 계기가
됐어요. 2001년에 유엔식량농업기구 주도로 긴 협상 끝에 '식량
과 농업을 위한 식물 유전자원에 관한 국제협약ITPGRFA, 스발바르협약'

스발바르 국제종자저장고.

이 만들어졌고, 이 협약은 2004년에 발효됐지요. 세계은행의 지원을 받아 국제농업연구 자문그룹과 노르웨이 정부가 2008년에 공식 개장해 운영하는 이 창고는 성경 속 '노아의 방주'에 빗대어 '인류의 방주'로 불립니다. 지구에 위기가 와도 씨앗은 지켜야 한다는 뜻에서 '운명의 날 창고doomsday vault'라고 부르는 이들도 있지요.

스발바르 국제종자저장고는 평소엔 닫혀 있다가 씨앗이 들어갈 때만 문을 열어요. 반입이 아닌 방출을 위해 문을 연 것은 딱 한 번으로, 2015년에 이곳의 씨앗을 빼내 시리아에 제공했습니다. 시리아의 알레포에 있는 국제건조지역 농업연구센터ICARDA가 128개국에서 온 종자 15만 종을 보관하고 있었는데, 시리아 내전이 일어나면서 반군에 점령당하는 피해를 입었기 때문이죠. ICARDA는 인력을 철수시킨 뒤 스발바르 국제종자저장고에 도움을 요청했고, 그동안 맡겨둔 종자 일부를 돌려받아 레바논과 모로코에 유전자은행을 다시 만들었어요. 2019년 8월에 국가 상황이 다소 안정되자 ICARDA는 스발바르에 종자를 반납했습니다.

인류의 미래 세대를 위한
최후의 보루

인류의 문명은 작은 씨앗 한 톨에서부터 시작됐다고 해도 과언이 아니지요. 동굴에 살면서 수렵과 채집을 통해 생존했던 인류의 조상이 식물의 씨앗을 땅에 심어 농사를 짓기 시작하면서부터 마을과 국가가 생기고 문명이 싹텄으니까요. 현대인은 다양한 육류를 먹지만 여전히 쌀과 밀, 보리, 옥수수 같은 곡물에 식량을 의존하고 있어요. 기름과 향신료, 고무와 커피, 초콜릿, 염료, 꽃, 나무, 채소 등 우리가 일상생활에서 흔히 보는 많은 귀중한 것들 또한 씨앗을 심고 키워서 얻고 있습니다.

세계의 일부 인구는 고열량에 고지방 음식을 너무 많이 먹어 질병을 앓기도 하지만, 유엔세계식량계획WFP에 따르면 여전히 지구상의 인구 9명 중 1명은 굶주리고 있어요. 과학자들은 기후 변화로 농경 패턴이 달라져 특정 지역의 곡물 생산량이 줄어들 수 있으며, 이것이 전 지구적인 불안 요인이 될 수 있다고 여러 차례 경고하고 있지요. 그런 조짐은 이미 나타나고 있어요. 시리아내전이나 아프리카의 수단내전 등에서 보듯이, 강수량이 줄어들고 식량이 모자라게 되면서 갈등이 악화된 탓에 전쟁이 벌어지니까요. 2011년 '아랍의 봄'도 지구적인 곡물값 상승에 영향을 받고 폭발하게 된 거지요. 인구 증가와 발전 속도에 발맞추려면 21세기 중반까지 최소 50퍼센트는 식량을 증산해야 한다는 전망도 있습니다.

바로 이런 점들 때문에 토종 씨앗을 보존하는 한편, 더 많이 수확할 수 있는 새로운 종 개발의 중요성이 갈수록 더욱 커지고 있어요. 앞서 시리아내전으로 인해 국제건조지역 농업연구센터가 큰 어려움을 겪었다고 말했지요. 2011년에 태국은 홍수로 인해 유전자은행이 물에 잠기면서 벼 종자 표본 2만 개를 잃는 피해를 겪었답니다. 필리핀의 유전자은행은 2012년의 화재로 파괴되면서 역시 비슷한 피해를 당했고요. 2006년에는 멕시코에 있는 국제옥수수밀개량센터의 냉각 시설이 고장 나면서 보관 중이던 옥수수 씨앗 표본 25만여 개 중 절반이 피해를 본 어이없는 사고가 벌어지기도 했어요.

세계 각국은 스발바르 국제종자저장고에 자국의 종자를 보관하는 것과 별도로 국내에도 종자은행을 만들어 운영하고 있어요. 우리나라의 국립농업과학원 산하 농업유전자원센터가 바

스발바르 국제종자저장고의
종자 보관 블랙박스.

로 그런 역할을 하는 곳입니다. 식물뿐 아니라 미생물과 곤충 유
전자원도 보관해요. 센터에 따르면, 2021년 1월 기준으로 작물
3,083종(266,649점)을 보관 중입니다. 미생물은 1만 911종(25,992
점), 곤충은 23종(387점)을 보관하고 있어요. 이 중 씨앗은행과 미
생물은행을 별도로 운영해요.

　우리나라에도 스발바르 국제종자저장고 같은 국제저장고가

있습니다. 바로 경상북도 봉화군 소재 국립백두대간수목원의 국제종자저장고(백두대간 글로벌 시드볼트)이지요. 전 세계에 이런 국제종자저장고가 딱 2곳뿐인데, 바로 스발바르와 국립백두대간수목원 저장고예요. 더욱이 야생식물 종자의 영구 저장 시설로는 국립백두대간수목원의 저장고가 세계에서 유일합니다. 미래 인류를 위해 우리나라가 종자 보존의 임무를 수행하고 있다니 정말 대단하지요!

이곳은 2015년에 스발바르 국제종자저장고처럼 자연재해, 전쟁, 핵폭발 등 지구상의 재난으로부터 식물 유전자원을 보전하기 위해 설립됐어요. 해발고도 600미터 위치의 땅속 저장고는 60센티미터 두께의 강화 콘크리트 벽과 2중 철판 구조로 만들어져 규모 6.9의 지진에도 끄떡없다고 해요. 여기에는 서울식물원이 기탁한 우리나라의 선제비꽃, 대청부채, 솔비나무 종자 등 전 세계의 멸종위기 식물과 희귀·특산 식물의 종자가 4,084종(92,681점) 보관되어 있어요.

국립백두대간수목원의 설명에 따르면, 야생식물은 말 그대로 야생에서 자라는 식물이기 때문에 작물보다 유전자 풀gene pool

유전자 풀

우리말로 '유전자군'이라고 한다. 번식할 수 있는 한 집단 또는 개체 내의 고유 유전자 총량을 나타내는 용어로, 개체 수가 많을수록 유전자 풀이 커진다.

백두대간 국립종자저장고(백두대간 글로벌 시드볼트) 브로슈어. 국가보안시설이므로 시설 내부 사진 등은 원칙적으로 공개하지 않는다.

이 다양해 환경 적응력이 우수해요. 최근 야생식물에서 다양한 기능성 물질이 발견되면서 의약품 등 새로운 가치 창출의 블루오션으로도 주목받지요. 무엇보다 전 지구적 재난이 일어나도 백두대간 저장고에 보관된 종자로 다시 지구를 생명으로 가득 차게 만들 수 있다고 하니, 푸르른 산림을 미래 세대에 전달할 최후의 보루입니다.

세계는 지금 좋은 종자를 확보하거나 새 종자를 개발하기 위한 종자전쟁을 치열하게 벌이고 있어요. 우리가 먹는 곡물이나 채소에도 저작권이 있다는 사실을 알고 있나요?

종자 산업은 '농업의 반도체', 종자를 지켜라!

2014년에 나고야 의정서 Nagoya Protocol가 만들어졌어요. 정식 명칭은 '생물 다양성 협약 부속 유전자원에 대한 접근 및 공평하고 공정한 이익 공유에 관한 나고야 의정서'예요. 유전자원 이용에 따른 이익을 공정하고 공평하게 함으로써, 생물 다양성 보전과 지속 가능한 이용을 가능하게 하는 것이 목표이지요. 한마디로, 어떤 종자를 이용할 때는 제공국의 허가를 받고 돈을 내야 하며, 발생한 이익을 제공국과 공정하게 나눠야 한다는 겁니다.

이렇다 보니 '금보다 비싼 씨앗'이란 말까지 생겨났어요.

2020년 7월에 국내에서는 파프리카 종자 1봉지(7그램)의 판매 가격이 55~65만 원을 기록해, 당시 금 2돈(7.5그램) 가격인 55만 원을 넘어섰지요. 비슷한 시기에 일부 토마토 종잣값은 그램당 13만 원으로 금 시세의 2배에 육박했어요.

이런 막대한 가치 때문에 종자 산업은 '농업의 반도체'로 불릴 만큼 중요해지고 있어요. 세계 시장 규모는 약 417억 달러(2018년 기준)인데, 연관 산업까지 포함하면 780억 달러 수준이지요.

시장을 좌지우지하는 다국적 종자 기업도 많아요. 이런 기업들은 흡수와 합병을 통해 시장점유율을 확대해 나가는데 상위 10개 종자 기업의 세계 시장점유율이 75퍼센트나 됩니다. 유전공학을 이용해 한 번 재배한 식물의 2세대 씨앗이 싹트지 않게 하는, 이른바 '터미네이터 종자'를 개발해 내기까지 했지요. 보통은 추수한 씨앗으로 다음 해 농사를 짓지만, 터미네이터 종자로 농사를 지으려면 매년 새로 사야 해요.

세계 1위 종자 기업은 몬산토(2017년 매출 기준)로 세계 종자 시장의 약 23퍼센트를 장악하고 있어요. 앞서 말했듯이 본래 미국 기업이지만, 2018년에 독일 기업 바이엘에 인수됐어요. 우리나라의 대표적인 고추 종자인 청양고추의 소유권도 바로 몬산토가 가지고 있어요. 청양고추 종자를 개발한 중앙종묘가 1997~

1998년 외환위기 당시에 몬산토에 인수되면서 청양고추 종자의 소유권이 넘어간 것이지요. 몬산토의 뒤를 잇는 2위는 미국의 다우듀폰 자회사인 코르테바 애그리사이언스Corteva Agriscience, 3위는 중국의 신젠타Syngenta, 4위는 프랑스의 리마그랭Limagrain, 5위 독일 바이엘, 6위 독일 KWS, 7위 일본 시카타 시드Sakata Seed, 8위 덴마크의 DLF, 9위 중국 룽핑하이테크隆平高科, 10위 네덜란드의 라이크즈반Rijk Zwaan 순이에요.

농촌진흥청에 따르면 2010~2019년 우리나라의 종자 수출액은 3,114억 원에 그쳤지만 수입액은 배가 넘는 6,848억 원에 달했어요. 다만 우리나라는 세계에서 다섯 번째로 많은 식물 종자 등 유전자원을 가지고 있습니다. 우리나라가 등록한 유전자원 수는 32만 8,290개(2020년 7월 기준)로, 1위 미국, 2위 인도, 3위 중국, 4위 러시아의 뒤를 잇지요.

과학기술의 발전으로 유전자 변형 작물이 쏟아져 나오고 다국적 종자 기업의 독점 현상이 갈수록 심각해지는 가운데 세계 곳곳에서는 자국의 토종 씨앗을 지키기 위한 운동 또한 활발하게 벌어지고 있어요.

우리나라에서는 여성 농민단체인 전국여성농민회총연합전여농의 운동을 대표적으로 꼽을 수 있어요. 전여농의 토종 씨앗 지키기 운동은 2008년의 유전자 변형 전당분 수입에 반대해 토종 옥수수 지키기 사업을 펼치면서 시작됐어요. 토종 농사는 물론 토종 씨앗 세미나와 교육, 실태조사, 지역축제 등 다양한 활동을 하고 있지요.

최근 들어 국산 종자 연구와 개발은 가속화되는 추세예요. 새로운 종자를 개발해 낸 사람의 권리보호와 신품종 등록을 주관하는 국립종자원에 따르면, 전체 품종보호 출원 건수 중 내국인의 신청 비중이 2020년에는 88.2퍼센트로 높아졌어요. 국산 종자 연구가 활발해지고 있다는 뜻이지요.

오늘 여러분은 어떤 음식을 먹었나요? 식탁 위에 오른 곡물과 채소, 과일 중에 과연 토종 한국 종자는 얼마나 될까요? 지금 내 식탁 위에는 일본에서 만든 쌀 종자로 지은 밥, 미국이 개발한 콩 종자로 만든 두부찌개, 중국 종자로 큰 마늘로 양념한 김치가 올라왔을 수도 있어요. 이미 우리의 식탁은 치열한 세계 종자 경쟁의 현장이 되고 있지요. 작은 씨앗 하나에 담긴 생명의 의미, 종자 보호와 개발을 위해 수많은 사람이 기울이고 있는 노력을 잊지 말아야겠어요.

토종 씨앗을 둘러싼 세계의 노력

인도에는 **나브다냐**Navdanya 란 농민공동체가 있다. 힌두어로 '9개의 씨앗'이란 뜻이다. 유명한 환경운동가 반다나 시바Vandana Shiva가 1991년에 시작했다. 시바는 원래 물리학자였지만 인도 곳곳의 환경이 파괴되는 것을 목격한 후에 환경운동가가 되었다. 나브다냐는 인도의 종자를 보존하는 토착 농사를 통해 생물 다양성을 지키고 농촌 경제를 활성화하는 활동을 펼쳐 오고 있다. 인도의 18개 주에 친환경 생산자 네트워크를 만들었고, 122개 공동체 종자은행을 만드는 성과도 거두었다.

독일에는 ASEED가 있다. ASEED는 '연대, 평등, 환경, 그리고 다양성 유럽을 위한 행동Action for Solidarity, Equality, Environment, and Diversity Europe'의 약칭이다. 1991년에 설립된 이 기구는 유럽의 토종 종자를 지키는 일뿐 아니라 기후변화 줄이기, 공정무역, 식량주권을 위해 일한다.

미국과 페루를 중심으로 활동하는 카미노 베르데Camino Verde도 있다. 나무 심기 교육 프로그램을 제공하고 생물 다양성 보호의 중요성을 알리는 것이 이 단체의 목표다. '살아 있는 씨앗은행Living Seed Bank'이란 이름으로 250종 이상의 나무 종자를 보존하고 있다.

미국 하와이주에서는 코할라센터The Kohala Center가 하와이 공공종자 계획Hawaii Public Seed Initiative을 펼치고 있다. 하와이주에서만 자라나는 식물이나 작물을 보존하는 데 목표를 둔 이 계획에 수백 명의 농부와 정원사가 참여하고 있다.

이 밖에 아일랜드 종자보존협회ISAA, 국제열대농업센터CIAT, 미국과 멕시코에서 활동하는 네이티브 시드Native Seed 등도 토종 종자 보존에 힘쓰고 있는 단체들이다. 미국 루이지애나 자연자원보존서비스LNRCS의 루이지애나 네이티브 플랜트 계획, 유네스코의 인간과 생물 생활권MAB 프로그램, 영국 왕립식물원의 밀레니엄 종자은행 프로젝트 역시 토종 씨앗을 지키기 위한 운동으로 잘 알려져 있다.

참고 자료

1장 ― 치킨 ○━━━━━━━━━━━━━━━━━━━━━━━━━━━━━━━━━

Bloomberg, 'Robot Nannies Look After 3 Million Chickens in Coops of the Future'(2017. 1. 13)

Economist, 'How chicken became the rich world's most popular meat'(2019. 1. 19)

NYT, 'It Could Be the Age of the Chicken, Geologically'(2010. 12. 11)

OECD,

    https://data.oecd.org/agroutput/meat-consumption.htm

OECD-FAO, Agricultural Outlook, Edition 2020, 2020.

    https://stats.oecd.org/Index.aspx?DataSetCode=HIGH_AGLINK_2020

KB 금융지주 경영연구소, 치킨집 현황 및 시장 여건 분석(2019. 6. 3)

통계청, 2018년 기준 프랜차이즈(가맹점) 조사

『식량의 종말』 폴 로버츠 지음, 김선영 옮김, 민음사, 2010.

2장 ― 콜라 ○━━━━━━━━━━━━━━━━━━━━━━━━━━━━━━━━━

CNN, 'How Paradise Became the Fattest Place in the World'(2015. 5. 1)

IT동아, '끝내 이루지 못한 콜라독립의 꿈, 815콜라'(2018. 9. 12)

경향신문, '태평양의 콜라 식민지'(2015. 8. 2)

『헝그리 플래닛: 세계는 지금 무엇을 먹는가』 피터 멘젤·페이스 달뤼시오 지음, 김승진·홍은택 옮김, 월북, 2008.

3장 ― 피자 ○━━━━━━━━━━━━━━━━━━━━━━━━━━━━━━━━━

Bloomberg Quicktake, 'These Korean YouTubers Are Reinventing Pizza'(2019. 11. 26)

    https://www.youtube.com/watch?v=SWqB0JWPDW4

Guardian, 'Iceland's president forced to clarify views on pineapple pizza ban'(2017. 2. 21)

    https://www.theguardian.com/world/2017/feb/21/icelands-president-would-ban-pineapple-on-pizza-if-he-could

Guinness World Records, Longest pizza(2017. 6. 10)

  https://www.guinnessworldrecords.com/world-records/longest-pizza

WRA(World Record Academy), Largest Pizza: Italian Chefs breaks Guinness world record(2012.
12. 21)

경북신문, '홍익희 인류문명사: 세계인의 사랑을 받는 피자 이야기'(2021. 3. 17)

  http://m.kbsm.net/view.php?idx=305588&referer=

네이버 뉴스 라이브러리 동아일보, '祝祭(축제) 무드'(1967. 06. 30)

『피자는 어떻게 세계를 정복했는가』. 파울 트룸머 지음, 김세나 옮김, 더난출판사, 2011.

4장 ─ 소고기

채널A, '이영돈 PD의 먹거리 X파일:충격! 가짜 마블링의 실체'(2014. 3. 7.)

컨선 월드와이드 외, 『2019 세계기아지수: 기후변화와 기아 위험』(2019)

한국농정, '토종 소 칡소·흙우를 지켜라!'(2011. 8. 20)

한국농촌경제연구원(KREI), '육류 소비행태 변화와 대응 과제'(2021)

『동국세시기』. 홍석모 지음, 장유승 옮김, 아카넷, 2016.

『육식의 종말』. 제러미 리프킨 지음, 신현승 옮김, 시공사, 2002.

5장 ─ 라면, 국수, 짜장면

Eurostat, Mamma mia! EU pasta comes from……(2017. 10. 25)

  https://ec.europa.eu/eurostat/web/products-eurostat-news/-/EDN-20171025-1

KBS, 인사이트 아시아, <누들로드>

World Instant Noodles Association, Instant Noodles at a Glance

경향신문, 남북정상회담, 김정은 위원장, '멀리서 온 평양냉면……아 멀다고 하면 안 되갔구나'(2018.
4. 27)

  http://news.khan.co.kr/kh_news/khan_art_view.html?art_id=201804271103011

교육부 공식 블로그, 쌀과 밀을 통해 보는 아시아와 유럽 이야기(2015. 7. 7)

  https://if-blog.tistory.com/5236

매일경제, 죽은 예술가의 사회, '황야의 무법자'는 언제나 그의 음악과 함께 나타났다(2021. 1. 9)

  https://www.mk.co.kr/premium/life/view/2021/01/29537/

짜장면 박물관, 짜장면과 공화춘의 역사,

  https://www.icjgss.or.kr/jajangmyeon/introduce/history.jsp

인민망 한국어판, [중국은 지금] 일상에서 먹는 면 종류만 1,200가지……무궁무진한 중국 면 세계
(2019. 11. 22)

  http://kr.people.com.cn/n3/2019/1122/c207466-9634765.html

6장 — 카레

Guardian, 'Robin Cook's chicken tikka masala speech'(2001. 4. 19)

  https://www.theguardian.com/world/2001/apr/19/race.britishidentity

Historic UK, 'History of the British Curry'

  https://www.historic-uk.com/CultureUK/The-British-Curry/

Institute of Culinary Education, 'History of Curry'

silkroadgourmet, 'Indian Curry Through Foreign Eyes #1: Hannah Glasse', Laura Kelly

  https://silkroadgourmet.com/curry-through-foreign-eyes-1-glasse/

The Veganary, 'The Origins And Variations Of Curry'

  https://www.theveganary.com/origins-of-curry/

7장 — 햄버거

Economist, The Big Mac index,

  https://www.economist.com/big-mac-index

Netflix, <Fast Food—History 101>

OECD-FAO Agricultural Outlook, Edition 2020, 2020.

WHO, Influenza A (H1N1) pandemic 2009-2010

　　https://www.who.int/emergencies/situations/influenza-a-(h1n1)-outbreak

Voice of America, <미국의 삶>, 미국인들의 대표 음식 '햄버거'의 유래

　　https://www.voakorea.com/a/a-35-2007-05-16-voa24-91254404/1304837.html

동물해방물결, '동물들의 안식처 생크추어리, 얼마나 알고 있니?'

　　https://donghaemul.com/story/?idx=229

통계청, 통계로 본 축산업 구조 변화(2020)

8장 — 연어

경향신문, '청줄돔, 범돔, 가시복……제주 바다 물고기 40%는 아열대 어종'(2018. 9. 4)

넷플릭스, <씨스피라시(Seaspiracy)>, 알리 타브리지 감독, 2021.

유엔식량농업기구(FAO)

　　http://www.fao.org/fishery/statistics/en

『텅 빈 바다: 남획으로 파괴된 해양생태계와 생선의 종말』, 찰스 클로버 지음, 이민아 옮김, 펜타그램, 2013.

9장 — 망고

중앙일보, '멜론이든 망고든 조상님은 기뻐하실 것'(2008. 9. 5)

EBS, <극한직업: 세계인의 열대과일, 필리핀 망고 생산현장>(2018. 11. 18.)

『백년의 고독』(1, 2권), 가브리엘 가르시아 마르케스 지음, 조구호 옮김, 민음사, 2000.

『지구의 밥상』, 구정은 외 지음, 글항아리, 2016.

10장 — 초콜릿

식품음료신문, '카카오의 탄생-초콜릿의 발전과 역사'(2007. 6. 28)

『507년, 정복은 계속된다』 놈 촘스키 지음, 오애리 옮김, 이후, 2000.

『공정 무역, 행복한 카카오 농장 이야기』 신동경 지음, 김은영 그림, 사계절, 2013.

『초콜릿의 지구사』 사라 모스·알렉산너 바데녹 지음, 강수정 옮김, 휴머니스트, 2012.

『카카오 농부는 왜 초콜릿을 사 먹지 못할까?』 카리 존스 지음, 현혜진 옮김, 초록개구리, 2018.

11장 — 씨앗 창고 ○━━━━━━━━━━━

Svalbard Global Seed Vault

　https://www.seedvault.no

경향신문, '북극 스발바르의 노아의 방주……미래 담긴 씨앗들'(2016. 12. 8.)

국립백두대간수목원

　https://www.bdna.or.kr

농촌진흥청 국립농업과학원 씨앗은행

　http://genebank.rda.go.kr

한국경제신문, '작게, 달콤하게……K 품종 뜬다'(2021. 8. 15.)

『자연과 지식의 약탈자들』 반다나 시바 지음, 한재각 외 옮김, 당대, 2000.

사진 저작권

열두 가지 음식으로 만나는 오늘의 세계

모든 치킨은 옳을까?

초판 1쇄 펴낸날 2021년 11월 15일
초판 4쇄 펴낸날 2023년 8월 31일

지은이 오애리 구정은 이지선
펴낸이 홍지연

편집 홍소연 이태화 서경민
디자인 권수아 박태연 박해연 정든해
마케팅 강점원 최은 신종연 김신애
경영지원 정상희 여주현

펴낸곳 ㈜우리학교
출판등록 제313-2009-26호(2009년 1월 5일)
주소 04029 서울시 마포구 동교로12안길 8
전화 02-6012-6094
팩스 02-6012-6092
홈페이지 www.woorischool.co.kr
이메일 woorischool@naver.com

ⓒ 오애리·구정은·이지선, 2021
ISBN 979-11-6755-020-0 43300